DIE BÖSEN BUBEN VON WIEN

S

BEPPO BEYERL

DIE BÖSEN BUBEN VON WIEN

GAUNER, STRIZZIS & HALLODRIS

Styria
VERLAG

GESUCHT:

VORWORT

Spricht man in Wien von den „bösen Buben“, so schwingt nicht selten eine versteckte Anerkennung, ja, eine heimliche Hochachtung mit. Denn die „bösen Buben“ haben das getan, vor dem uns das gute Gewissen, der gute Charakter und die Haltung als braver Staatsbürger stets bewahrt haben.

Stimmt natürlich nicht ganz. Die in diesem Buch vorkommenden „bösen Buben“ sind üble Täter und schaffen nicht den Vergleich mit einem Robin Hood, dem tapferen Rächer der Rechtlosen. Sie sind keine Sozialrevolutionäre, die den Umverteilungsprozess mit ihren Methoden halt ein bisserl beschleunigen wollen.

Im Gegenteil: Die Zahl der üblen Täter ist mit Männern gesättigt, die meist aus den unteren sozialen Schichten stammen und die mit allen erlaubten und unerlaubten Mitteln sich in der „guten Gesellschaft“ etablieren wollen, um dort erbarmungslos und nachhaltig ihre speziellen Vorlieben zelebrieren zu können.

Andere wiederum sind sowieso in den Spitzen der Gesellschaft beheimatet. Nach dem Motto „Gier ist alles“ sind sie der Meinung, dass es keine Grenzen und keine Einschränkungen für ihre enthemmte Gier gäbe. Letztlich scheitern beide, die vermeintlichen Sozialrevolutionäre und die vermeintlichen Giertäter.

Natürlich haben sich im Laufe der Jahre ihre Methoden stark verändert. Ich beginne chronologisch mit Wolfgang von Kempelen, einem genialen Techniker und Konstrukteur, der es um 1770 auch ohne „Zaubertricks“ zu Ruhm und Ansehen gebracht hätte. Doch nein, er musste seine Schachmaschine konstruieren, um in Wien, in Paris und in London die staunende Gesellschaft zu bluffen und zu verblüffen. Und am Schluss des Buches taucht ein gewisser Herr Udo Proksch auf, der ja schon längst als wilder Hund in der Öffentlichkeit bekannt war, ehe er sein allerletztes und retroperspektiv ziemlich unnötiges kriminelles Abenteuer startete: die Fahrt der Lucona.

Bei manchen der hier auftauchenden „bösen Buben" gab es verlagsintern längere Debatten, ob diese Bezeichnung überhaupt für sie zutreffend ist, da sie neben ihren üblen Taten mit segensreichen Erfindungen oder mit wirksamen Gründungen ihre Gegenwart prägten. Im Zweifelsfall entschieden wir uns, sie trotzdem in dieses Buch aufzunehmen.

Auf die „bösen Mädchen" habe ich bereitwillig verzichtet, da sie in hoher Zahl in Wien nicht aufzuspüren waren. Ihre „Stärken" – in älteren Zeiten etwa Verwünschungen und falsche Weissagungen, in jüngerer Zeit das Hantieren mit Gift – hätten zudem genug Stoff für ein eigens Buch geliefert.

Noch eines: Es geht zwar um Moral. Aber ich wollte nie moralisch urteilen. Moralische Urteile unterlaufen einen ständigen Wechsel, können beliebig und austauschbar sein und sagen eher etwas aus über die Perspektive des jeweiligen Betrachters. Ich wollte schlicht und einfach Geschichten erzählen, skurrile, eigenartige, beinahe unglaubliche Geschichten über Männer, die skurrile, eigenartige und unglaubliche kriminelle Taten verübt haben. Und ich überlasse die Zuordnungen der Werturteile den geneigten Leserinnen und Lesern.

Da sich diese „bösen Buben" in der Regel in Wien aufhielten, haben sie bestimmte Eigenschaften und Tugenden übernommen und in ihren Charakter integriert: Sie agieren mit Schmäh, mit Charme, sie neigen zur Kumpelei. Würden wir sie beim Heurigen treffen, so würden die meisten von uns ohne zu zögern in ihrer Nähe Platz nehmen.

Was ihre Gefährlichkeit eigentlich nur verstärkte, da vom einfachen Sitznachbarn im Beisl bis zum hochrangigen Politiker viele auf sie hereinfielen.

Womit ich wieder zum Anfang meines Vorwortes zurückkomme: Die „bösen Buben“ von Wien – ist bei dieser Ausdrucksweise eine Anerkennung versteckt, eine Hochachtung eingeschlossen?

Lesen Sie bitte dieses Buch.

Beppo Beyerl, Sommer 2022

XXX

GESUCHT:

WOLFGANG VON KEMPELEN

GEBOREN: *1734*

BERUF: *Erfinder und Staatsbeamter*

GESUCHT WEGEN: *Betrug*

GENIE UND SCHWINDLER

Geboren ward er in Pressburg. Wolfgang von Kempelen, auf Slowakisch Ján Vlk Kempelen, auf Ungarisch Kempelen Farkas, kam am 23. Jänner 1734 im damaligen Poszony, zu Deutsch in Pressburg, also im heutigen Bratislava zur Welt. Und zwar in der Ventúrska 11 im Palais Leopold de Pauli, das später als Wittmann'sches Haus bekannt wurde. Die Lage war prominent: Gegenüber, in der Ventúrska 10, stand das Palais Pálffy, später war dort die österreichische Botschaft untergebracht, und das Nachbarpalais in der Ventúrska 12 sollte einer Familie mit dem Namen Vetsera gehören. Doch eine Mary Vetsera wird in dieser Geschichte nicht vorkommen.

Noch heute steht Kempelen in der slowakischen Hauptstadt hoch in der Gunst, doch darüber später. Zum Studium wurde er von seinem Vater, einem Zollbeamten, dem für seine Verdienste von Kaiser Karl VI. der Adelstitel verliehen worden war, ins nahe Wien geschickt. Infolge seiner profunden Sprachkenntnisse wurde er Mitglied jener Kommission, die den *Codex Theresianus,* den Entwurf zu einem bürgerlichen Gesetzbuch, das ab jetzt für alle Länder der Monarchie gelten sollte, binnen kurzer Zeit aus dem Lateinischen ins Deutsche übersetzte. Von nun an war dem jungen Mann die uneingeschränkte Dankbarkeit der Kaiserin Maria Theresia sicher: Sie ernannte ihn zum Hofkammerrat, gab ihm die Erlaubnis zur Heirat mit der Hofdame Franziska Piani, der Kammerfrau der Erzherzogin Maria Ludovica, und bewirkte 1765 seine Ernennung zum Leiter des Salz- und Siedlungswesens im Banat. Ein Jahr später betraute sie ihn mit der Aufgabe, für die Sicherheit der Salzminen in ganz Ungarn zu sorgen, und 1767 folgte schließlich die Ernennung zum Beauftragten für die Wiederbesiedlung des Banats. Kempelen erwies sich bei dieser Aufgabe als besonders geschickt, ließ Sümpfe trockenlegen und Straßen bauen und holte Tausende Siedlerfamilien ins Land. Seine große Leidenschaft waren jedoch Mechanik und Maschinen: An immer neuen Konstruktionen tüftelnd, stellte er alle paar Monate der staunenden Öffentlichkeit neue Erfindungen vor: Pumpensysteme für Bergwerke oder Wasserspiele für die Schlossgärten der Adeligen.

Als der französische Mathematiker und Taschenspieler Jean Pelletier anno 1769 der Kaiserin seine „Zaubertricks" vorführte, bestand sie auf die Begleitung ihres Schützlings bei der Vorführung des Franzosen. Nach dem Auftritt Pelletiers um Rat gefragt, meinte Kempelen, das Gezeigte seien alles miese Tricks gewesen, er selbst könne hingegen eine Maschine bauen, die um vieles zugkräftiger, spektakulärer und komplexer ihre nicht näher bestimmte Arbeit verrichten könne.

Vielleicht hätte er mit seiner Prahlerei nicht so weit gehen sollen. Jedenfalls hatte er die fixe Neugierde der Herrscherin geweckt und diese ließ nun nicht locker: Sie entband den Herrn Kempelen für die Dauer eines halben Jahres von allen Verpflichtungen. Bis auf eine: Er solle, ja, er müsse jene Maschine konstruieren. Sollte ihm dies gelingen, so die Fama, würde sie das mit hundert Goldstücken belohnen.

Also konstruierte unser Herr Wolfgang von Kempelen in relativ kurzer Zeit seine Maschine. Die – und nun folgt ihre eigentliche Bestimmung – offenbar tatsächlich Schach spielen konnte.

Für das Datum des nächsten Treffens mit der Kaiserin fehlen genaue Informationen: Manche Chronisten bestehen noch auf eine Vorführung anno 1769, andere verlegen sie in den Frühling 1770. Bei der Schilderung der Dramaturgie, der die Vorstellung des Schachautomaten folgte, gibt es jedoch kaum Abweichungen: Herr von Kempelen reiste also mit seinem Schachautomaten von Pressburg nach Wien, die Präsentation fand in der Großen Galerie von Schloss Schönbrunn vor der Kaiserin und geladenem Publikum statt. Nachdem sein Auftritt angekündigt worden war, ließ Kempelen von Dienern einen hölzernen Kasten in den Raum schieben, 120 Zentimeter lang und 90 Zentimeter hoch. Auf dem Kasten lag ein Schachbrett. Hinter dem Kasten eine holzgeschnitzte Gestalt, mit Turban, Kaftan und weiten Hosen als Türke erkennbar. Die Bezeichnung „Schachtürke" wird bald die Runde machen. Die rechte Hand der beeindruckenden Gestalt lag ausgestreckt auf dem noch leeren Schachbrett.

Das von Maria Theresia geladene hochadelige Publikum knurrte und murrte: Was will dieser Herr von Kempelen mit diesem Türken? Der wird doch nicht zum Schachspielen anfangen? Oder will uns der Herr von Kempelen betürken?

Herr von Kempelen öffnete die linke Vordertür des Kastens: Ein komplizierter Mechanismus aus Zahnrädchen und Gestänge, einem Uhrwerk gleich, wurde sichtbar. Er öffnete die hintere Tür und entzündete eine Kerze, um dem Publikum einen Blick durch den geheimnisvollen Automaten zu ermöglichen. Und so setzte er die Demonstration fort, alle Türen und Läden des Kastens wurden dem staunenden Publikum zur gefälligen Besichtigung geöffnet. Schließlich drehte Herr von Kempelen den Automaten um: Der Türke zeigte nun dem Publikum den Rücken. Nun öffnete der Konstrukteur zwei Türchen im Oberschenkel und im Rücken des Türken: Wieder wurden Räderwerk und Messinggestänge sichtbar. Dann drehte Kempelen seinen Apparat wieder in die Ausgangsstellung. Ein Satz roter und weißer Schachfiguren aus Elfenbein wurde inzwischen auf das Schachbrett gestellt. Schließlich postierte unser Meister zwei Kandelaber mit leuchtenden Kerzen auf den Spieltisch. Nun denn, das Spiel könne beginnen. Freiwillige mögen sich melden.

Ein Genie! Ein tatsächlicher Zauberer mit immensen Kenntnissen der Mechanik! Vielleicht war es doch möglich, einen funktionierenden Schachautomaten zu konstruieren? Überraschenderweise meldete sich gleich einmal Johann Philipp Graf von Cobenzl, der Besitzer des Schlosses auf dem Reisenberg, als Herausforderer des Türken. Der Türke werde mit den weißen Figuren spielen, erklärte Kempelen. Dann trat er zur linken Seite und zog mit bedächtigen Bewegungen mit einem Schlüssel ein Uhrwerk auf.

Ein Genie! Ein tatsächlicher Zauberer mit immensen Kenntnissen der Mechanik! Vielleicht war es doch möglich, einen funktionierenden Schachautomaten zu konstruieren?

Surrendes, ja, ratterndes Geräusch. Die Holzfigur drehte auf einmal langsam den Kopf in Richtung Spielbrett. Sodann streckte sie die linke Hand aus und machte ihren ersten Zug.

Im Detail sah das so aus: Die mit einem Handschuh versehene Hand bewegte sich horizontal über das Brett bis zu einer bestimmten Figur. Dann schlossen sich die Finger um diese und setzten sie auf einem anderen Feld ab. Nach dem Ende des Zuges rückte die Hand wieder auf das Kissen neben dem Spielbrett zurück. Jetzt erst verstummte das die gesamte Dauer des Zuges anhaltende ratternde Geräusch des Uhrwerks.

Unser Staatsrat Cobenzl verlor die Partie binnen einer halben Stunde, den schnellen und aggressiven Spielzügen des Schachautomaten hatte der Herr Graf, der später Staatskanzler werden sollte, keine erfolgreiche Verteidigung entgegenzusetzen. Wobei heutzutage niemand mehr über die Qualitäten der Schachkünste des Staatsrates Bescheid weiß. Das Spiel war aus.

Nein, das war noch nicht am Ende der Vorführung, jetzt kam die Draufgabe: Zur Unterhaltung des Publikums musste der Türke noch einige Aufgaben lösen, so den klassischen Rösselsprung. Dabei geht es um eine extrem schwierige Zugfolge, bei der das Pferd jedes Feld des Spielbretts einmal besetzen muss, aber keines zweimal besetzen darf. Und am Schluss wieder zum Ausgangspunkt zurückhüpft. Jawohl, auch das klappte anstandslos. Riesenapplaus, wir haben ein neues Wunderkind, ein wahres technisches Genie.

Die Kaiserin war von der Erfindung so beeindruckt, dass sie dem Techniker ein jährliches Gehalt als Pension garantierte und ihn zusätzlich mit einer Reihe von Aufträgen betraute. So durfte er 1772 eine Anlage für die Wasserversorgung der Schönbrunner Springbrunnen entwerfen, auch für den Neptunbrunnen. Und für die an Pocken erkrankte Kaiserin gelang es ihm 1774 mit leichter Hand, ein in der Höhe verstellbares mechanisches Bett zu konstruieren, in dem sie liegend oder sitzend ihren Regierungsgeschäften nachgehen konnte. Kempelen wurde auch zu einem Pionier der Dampfmaschinentechnik in Wien: Eine von ihm konstruierte Dampfmaschine wurde in der Näher des Stubentors aufgestellt und fand später beim Bau des Wiener Neustädter Kanals Verwendung. Nur den Schachautomaten, den wollte der Meister nicht mehr vorzeigen. Es wurde gemunkelt, er sei kaputt oder beschädigt und würde in der Pressburger Wohnung des Meisters verschimmeln.

Also: Schwindler oder genialer Konstrukteur? Scharlatan oder scharfsinniger Wissenschaftler? Nun, es gibt keine Beweise, jedoch eine klare Indizienkette, die nachweist, dass im Türken eine menschliche Figur versteckt war. Vielleicht ein Kind oder eine kleingewachsene Person. Sachdienliche Hinweise verdanken wir einem gewissen Silas Mitchell, dessen Vater John Mitchell den Automaten 1838 erwarb. Im Jahre

1857 wies Silas Mitchell in langwierigen Untersuchungen nach, dass man im Inneren des Gehäuses bei passendem Arrangement eine kleine Person verstecken oder einsperren konnte. Die Maschinerie des Uhrwerks füllte nämlich nur ein Drittel des Gehäuses aus. Zudem wies Silas Mitchell auf die Möglichkeit hin, das Innere des Raumes durch eine kleine Kerze zu erhellen, deren Rauch durch eine Öffnung des Turbans des Türken abziehen konnte. Die versteckte Person, der eigentliche Schachspieler, hockte vor einem zweiten kleineren Schachspiel, auf dem sie tatsächlich ihre Züge verrichtete. Ihr Arm bewegte dabei einen Metallzeiger, der mit dem Arm des Türken über ein System von Hebeln verbunden war und diesen so über das Spielfeld führen konnte. Ein ausgeklügeltes System von Magneten, das ich hier im Einzelnen nicht beschreiben kann, half dem Versteckten, die Züge des im Freien wirkenden Konkurrenten zu beobachten. Also doch: Ein Schwindler! Ein Possenspieler! Und im selben Atemzug ein genialer Konstrukteur! Welchem Aspekt der Persönlichkeit Kempelens sollen wir mehr Achtung zollen?

Nach wie vor ein Rätsel ist allerdings die Identität des Menschen im Inneren. Wer verbarg sich tatsächlich im Inneren des Türken? Zwei Kriterien waren jedenfalls maßgeblich: die Körpergröße und die Fähigkeiten als Schachspieler. Diese Person durfte keinesfalls ein Riese sein und musste das königliche Spiel dermaßen virtuos beherrschen, dass sie nahezu unschlagbar war. Sie musste also mit den Varianten und Finten ihrer jeweiligen Gegner vertraut sein. Zudem musste dieses kleine Schachgenie von Meister Kempelen in seinem Palais in Pressburg so gut versteckt werden, dass weder seine Frau noch seine Kinder noch seine Lakaien das Geheimnis entdeckten. Nur mit seinem Diener Anthon, Kempelens Vertrauten, hielt der ominöse Unbekannte Kontakt. Also Quarantäne, strenge Quarantäne für unseren Schachmeister! Was war mit Phäno-

Wirklich überzeugende Erklärungen gibt es nicht, bis heute fehlt uns das genaue Wissen, wer in diesem Automaten, eingesperrt bei schlechter Luft und mangelhaften Lichtverhältnissen, geniale Partien auf dem Schachbrett über dem Kopf spielte.

menen wie Lagerkoller oder Klaustrophobie?

Oder war die Familie Kempelen mit der Existenz dieses geheimnisvollen „Helfers" vertraut? Machte sie bei diesem Schwindel mit? War vielleicht gar jemand aus der Familie dieser versteckte ominöse Spieler?

Eine literarische Erklärung für dieses Rätsel lieferte der Berliner Autor Robert Löhr. Er erfand dafür in seinem historischen Roman *Der Schachautomat* die Figur des Italieners Tibor Scardanelli aus Provesano. Dieser, tatsächlich ein Zwerg, verdient sich in Löhrs Roman sein Geld durch Schachspielen. Als er in Venedig einen Venezianer umgebracht hat, rettet Meister Kempelen den Zwerg aus dem Gefängnis vor dem sicheren Tod. Doch der Preis ist hoch: ein verstecktes Leben im Schachautomaten, eine nicht öffentliche Zwergenexistenz. Eine literarische Spekulation, die zwar reizvoll ist, mit der Wirklichkeit allerdings nichts zu tun hat.

Andere Autoren vermuten, dass Kempelen seine eigene Tochter für diese Aufgabe zunächst im Schachspiel unterwies und später auch als versteckte Figur einsetzte. Wieder andere behaupten, er habe bekannte Schachspieler seiner Zeit für diese Tätigkeit bezahlt. Wirklich überzeugende Erklärungen gibt es nicht, bis heute fehlt uns das genaue Wissen, wer in diesem Automaten, eingesperrt bei schlechter Luft und mangelhaften Lichtverhältnissen, geniale Partien auf dem Schachbrett über dem Kopf spielte.

Zurück zu unserer Geschichte. Nach der erwähnten Präsentation vor Maria Theresia im Jahre 1769 oder 1770 wollte Herr von Kempelen dem Schwindel entsagen und sich auf seriöse Erfindungen konzentrieren: etwa auf die Konstruktion einer Druckmaschine mit beweglichem Letternsatz für die blinde Pianistin und Komponistin Maria Theresia Paradis oder die Herstellung eines Stimmenimitators, einer „Sprechmaschine" zur Erzeugung menschlicher Sprachlaute. Tatsächlich gelang Kempelen, nunmehr zum *hungarischen Hofkammerrath* avanciert, die erste funktionstüchtige Konstruktion zur Sprachsynthese.

Was den „Schachtürken" betraf, so rechnete jedoch der Erfinder nicht mit den Launen von Maria Theresias Nachfolger. Im Jahre 1781, also elf oder zwölf Jahre nach dem letzten Auftritt, tat der inzwischen alleinherrschende Joseph II. kund: Der „Schachtürke" müsse wieder nach Wien. Denn der russische Großfürst Paul, immerhin der älteste Sohn der Zarin Katharina, und seine Gattin, Großfürstin Maria Feodorowna, würden sich anlässlich ihres Wien-Besuches an den Künsten des Automaten aufs Löblichste delektieren. Das russische Thronfolgerpaar, das sich unter dem Pseudonym „Comte und Comtesse du Nord" auf große Europareise begeben hatte, kam am 21. November 1781 in Wien an und blieb hier bis zum 4. Jänner 1782, die *Wiener Zeitung* brachte zu Ehren der Gäste auf ihrer Titelseite einen schönen Spruch:

Die Freude Wiens ist unbegränzt,
Seit uns das Glück zu Theil geworden,
Daß selbst der grosse Stern aus Norden
In voller Majestät in unsern Mauern glänzt.

Das Kalkül Josephs II. ging auf: Die Präsentationen der „sehenswürdigen mechanischen Erfindung" vor den hohen Gästen aus dem Zarenreich am 7. und 17. Dezember 1781 in der Hofburg waren dermaßen erfolgreich, dass es vonseiten des Kaisers hieß: Kempelen müsse mit seinem Türken nun auf Europa-Tour gehen. Joseph II. entband den Erfinder auf die Dauer von zwei Jahren von allen dienstlichen Verpflichtungen und lockte noch mit Extra-Prämien. Der zunächst zögernde Kempelen neigte schließlich doch zur Ansicht, dass es strategisch günstig sei, die Wünsche des Kaisers erneut zu befolgen, und fuhr im Frühjahr 1783 nach Paris. Auf der Reise begleiteten ihn sein Diener Anthon, seine Frau Anna Maria und seine Kinder. Über die Teilnahme einer zusätzlichen Person an der Reise ist nichts bekannt.

Verbürgt ist die Ankunft der gloriosen Schachdelegation Kempelen am 17. April in Frankreichs Hauptstadt. Am 21. April erfolgte die erste Vorstellung – möglicherweise im Schloss Versailles, dem „Wohnsitz“ von Königin Marie Antoinette, immerhin einer Schwester Kaiser Josephs II. Im Mai 1783 wurde der Schachtürke in Paris auch öffentlich vorgestellt, wobei der Diener Anthon immer mehr die Aufgabe des Administrators oder Vorführers übernahm und Kempelen sich in aller Bescheidenheit in die Niederungen des Vorführungssaales zurückzog. Gab es doch von französischen Wissenschaftlern geäußerte Vermutungen, Kempelen könne mit einem in seiner Tasche versteckten Magneten die Hand des Türken steuern. Dann hätte logischerweise unser Erfinder selbst ein profunder Könner des Spieles auf den 64 Feldern sein müssen. Ihm wurden zwar viele Fertigkeiten nachgesagt, die Kunst des Schachspiels war aber nicht dabei.

Bekannt wurden in Paris zwei Partien: So spielte der Türke gegen Benjamin Franklin, den damaligen diplomatischen Vertreter der Vereinigten Staaten in Paris, der 1776 die Unabhängigkeitserklärung der USA mitentworfen und mitunterzeichnet hatte. Franklin galt als ausgezeichneter Schachspieler, doch Kempelens Automat gewann. Und der Türke spielte gegen das damalige Schachgenie der französischen Hauptstadt, gegen François-André Danican Philidor. Und prompt verlor er, obwohl am Vorabend der Partie Herr von Kempelen den großen Schachstrategen aufgesucht und angeblich um den Preis eines Sieges seines Türken verhandelt hatte. Doch Philidor, der herausragende Schachspieler seiner Zeit, ließ sich nicht bestechen.

Im Herbst 1783 reiste die Schachfamilie Kempelen nach London und versetzte die englische Hauptstadt in Entzücken und Raserei und auch ein bisschen in Ratlosigkeit, da niemand die Funktionsweise des Automaten erklären konnte. Erst im Herbst 1784 erfolgte die Rückkehr nach Wien.

Nun hatte der Meister – und damit meine ich Herrn von Kempelen und nicht den versteckten Helfer – tatsächlich genug von seinem Schachtürken. Er beschäftigte sich mit verschiedenen Konstruktionen, arbeitete an seiner Sprechmaschine weiter, wurde 1786 zum Hofrat bei der siebenbürgischen-ungarischen Hofkanzlei ernannt und trat 1798 in den wohl oder übel verdienten Ruhestand. Er starb in allen Ehren am 26. März 1804 in der Alservorstadt, kurz nach seinem 70. Geburtstag.

Doch die Geschichte des Schachtürken ist damit nicht beendet. Kurz nach Kempelens Tod verkaufte dessen Sohn den Türken an den in Regensburg geborenen Ingenieur und Musiker Johann Nepomuk Mälzel bzw. Mälzl (1772–1838). Herr Mälzel, im Übrigen der Erfinder des Metronoms und erfolgreicher Konstrukteur von Musikautomaten, hatte strikte Prioritäten: Er wollte mit dem Türken Geld verdienen. Und als versteckte Helfer im Kasten setzte er verschiedene Könner des Faches ein, die er natürlich dementsprechend bezahlen musste. Ihm zu Diensten waren wohl u. a. der deutsch-österreichische Schachkönner Johann Baptist Allgaier oder der britische Schachmeister William Lewis. Als bei einer Vorführung jemand aus dem Publikum laut und deutlich „Feuer!“ rief, soll jemand aus dem Automaten herausgesprungen und in Windeseile fortgelaufen

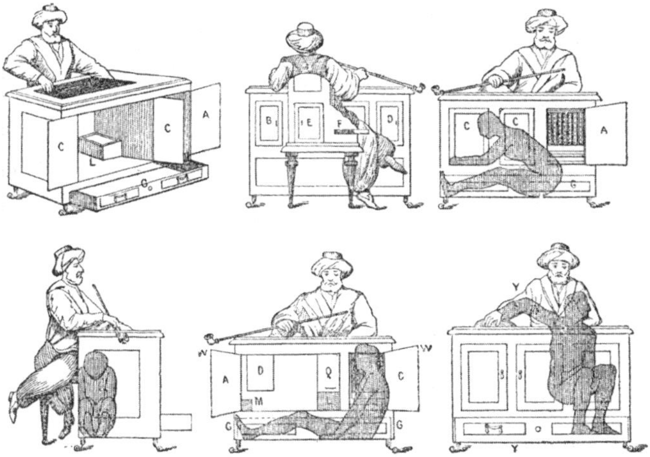

Das Rätsel des „Schachtürken" wurde zur großen Herausforderung: Kupferstich von Joseph Racknitz aus seinem Buch *Über den Schachspieler des Herrn von Kempelen und dessen Nachbildung*, erschienen 1789 (unten), und Enthüllungen im 19. Jahrhundert (oben).

sein. Von verschiedenen Gästen aus dem Publikum wurde der Mann aus dem Kasten als der Elsässer Schachmeister Wilhelm (William) Schlumberger (1800–1838) identifiziert. Conclusio: Gibt es keine gesicherten Fakten, so entfacht sich ein Feuerwerk der Vermutungen.

Höchstwahrscheinlich spielte der Türke im Jahre 1809 im Schloss Schönbrunn eine Partie gegen Napoleon. Der Kaiser der Franzosen, die damals Wien besetzt hielten, sah dabei offenbar nicht gut aus, wobei es allerdings über den Spielverlauf verschiedene Berichte gibt.

Angeblich wischte Napoleon angesichts seiner bald aussichtslosen Stellung mit einer wütenden Handbewegung die Figuren vom Brett und beendete so das ominöse Duell mit dem Automaten.

Johann Nepomuk Mälzel, der ein tüchtiger Geschäftsmann war, ging mit dem Schachtürken schließlich auch nach Amerika, wo er auf großes Interesse stieß. Zahlreiche Schachfans versuchten ihr Glück im Spiel gegen den Türken. Edgar Allan Poe war etwa so fasziniert von diesem „Ungeheuer" aus der Alten Welt, dass er einen klugen Essay über die Funktionsweise des Automaten veröffentlichte. Ob er auch selbst gegen ihn spielte, ist jedoch nicht bekannt.

Nach Mälzels Tod – der ehemalige kaiserliche Hofmechanikus starb 1838 an Bord eines Schiffes im Hafen von La Guaira, Venezuela – erwarb der Leibarzt von Edgar Allan Poe, ein gewisser Dr. John Kearsley Mitchell, den Apparat. Und dessen Sohn Silas Weir Mitchell enthüllte endgültig das Geheimnis des Schachapparates – darüber habe ich schon oben berichtet.

Aber noch nicht über das Ende des Türken: Sohn Silas verkaufte den Schachautomaten an Peale's Museum in Philadelphia. Das Interesse an dieser merkwürdigen Erfindung war in der Zwischenzeit schon ziemlich abgeflacht. Und bei einem Brand des Museums am 5. Juli 1854 wurde auch Kempelens Erfindung zerstört. Von der Maschine, die einst das Publikum in aller Welt zum Staunen gebracht hatte, blieben nur mehr Schutt und Asche.

Etwas trauriger Nachsatz: In Bratislava wird Meister Jan Kempelen nach wie vor verehrt und geachtet. Am Hlavné námestie 5, unmittelbar neben dem Rathaus, befindet sich das im Jugendstil eingerichtete Café Roland. Und in diesem Café Roland konnten die Gäste bis vor Kurzem eine gelungene Rekonstruktion des Schachautomaten bewundern.

Angeblich wischte Napoleon angesichts seiner bald aussichtslosen Stellung mit einer wütenden Handbewegung die Figuren vom Brett und beendete so das ominöse Duell mit dem Automaten.

Warum bis vor Kurzem? Nun, das Café Roland brannte Ende 2018 ab. Und mit dem bis heute geschlossenen Kaffeehaus wurde auch die Rekonstruktion des legendären Schachautomaten ein Opfer der Flammen.

XXX

GESUCHT:

PETER RITTER VON BOHR

GEBOREN: *1773*

BERUF: *Unternehmer*

GESUCHT WEGEN: *Banknotenfälschung*

DER MALER UND SEINE BLÜTEN

Ein Peter von Bohr – und das in Wien? Hier heißt man Sedlnitzky wie der Polizeichef der Metternichära oder Marek wie der Kommissar der Fernsehserie *Oberinspektor Marek.* Und wenn es unbedingt sein muss, so heißt man Breitwieser oder Steinschneider. Aber Bohr?

Natürlich war Peter Bohr, der in der Donaumetropole als einer der erfolgreichsten Geschäftsleute galt, kein Wiener. Er wurde am 30. Juni 1773 im heutigen Luxemburg geboren, genauer in Stadtbredimus im Kanton Remich im Süden des Herzogtums. Seine erste künstlerische Ausbildung erhielt er im Zisterzienserkloster Orval in den Ardennen, wo von dem „Malermönch" Bruder Abraham eine Malerakademie geleitet wurde. Von der stillen Abtei der Zisterzienser übersiedelte er ins revolutionäre Paris und verbesserte hier seine Kenntnisse in den Bereichen Zeichnen und Malen. Der angehende junge Künstler, der später für seine penible Akribie und für die Liebe zum Detail bekannt wurde, trat dann einem Künstlerkorps bei, das die Revolutionstruppen begleitete, unbekannt ist jedoch, inwieweit er die politischen Ziele der Revolutionsarmee tatsächlich teilte. Schließlich wechselte er zur Artillerie der regulären französischen Armee, quittierte aber nach drei Kriegsjahren den Dienst und wechselte die Seite: Über Vermittlung von Feldzeugmeister Jean-Pierre de Beaulieu, der aus dem Brabant kam und in der österreichischen Armee diente, ließ sich Bohr in Linz nieder – als Miniaturmaler. Seine Porträts der Damen und Herren der Linzer Gesellschaft waren sehr gefragt und am 28. Oktober 1798 heiratete er Clara Poestion, die Tochter eines Zeichenlehrers. Doch Peter Bohr unterhielt noch immer gute

Kontakte zur französischen Armee, die 1805 und 1809 Linz besetzte. Nun wusste er diese Kontakte bestens zu nützen – durch den Handel mit Armeegütern und durch Diskont- und Wechselgeschäfte mit den verschiedensten Heeren erlangte er schnell ein ansehnliches Vermögen.

Dass er noch eine zweite und weitaus ergiebigere Einnahmequelle besaß, das konnte ja wirklich niemand wissen.

Im Jahr 1814 begann der Wiener Kongress, der ambitionierte und vielerlei Geschäfte witternde Menschen wie das Licht die Motten anzog. Peter Bohr, der den frühen Tod seiner Frau verkraften musste, übersiedelte nach Wien und „regelte" bei der Wiener Hofkanzlei die Anerkennung seiner ritterlichen Herkunft, auf gut Deutsch: Er kaufte sich in den Adelsstand ein. Fortan nannte sich der umtriebige Geschäftsmann stolz Chevalier de Bor oder Peter Ritter von Bohr. 1821 heiratete er standesgemäß Gräfin Mathilde von Christallnigg von und zu Gillitzstein, deren Namen auch perfekt in eines der Theaterstücke von Fritz Herzmanovsky-Orlando passen würde. Von nun an war er in den Kreisen des österreichischen Adels wohlgelitten.

Noch immer verdiente er sein Geld mit dem Malen von Porträts seiner neuen Freunde aus der Aristokratie.

Dass er noch eine zweite und weitaus ergiebigere Einnahmequelle besaß, das konnte ja wirklich niemand wissen.

Wobei Peter von Bohr keinem Luxusleben mit Mätressen, Galaempfängen und Teilnahmen an Kartenspielen frönte. Im Gegenteil: Nach den Wirren der napoleonischen Kriege und der Zeit der Restauration begann eine Phase des steten wirtschaftlichen Aufschwungs und unser akribischer Porträtmaler erkannte die Zeichen der Zeit. Als aufgeschlossener Geschäftsmann war er bei der Gründung fast jeder größeren „Gesellschaft“ beteiligt, oder mit anderen Worten: Keine Gesellschaft wurde gegründet, ohne dass Peter von Bohr seine finanzierende Hand im Spiel gehabt hätte. Dafür wurde er mit Posten in der Direktion oder im Kontrollorgan, dem Aufsichtsrat, belohnt.

Eine kurze Aufzählung: Peter von Bohr war Mitbegründer der Ersten Österreichischen Spar-Casse (1819), der heutigen „Erste Bank“, im alphabetischen Aktionärsverzeichnis stand er an erster Stelle. Er war Mitbegründer der Donau-Dampfschifffahrtsgesellschaft (1829) und Mitbegründer des Polytechnischen Institutes, der heutigen TU Wien. Und er erfand eine Guillochiermaschine: Guillochen – asymmetrisch geschwungene Ornamente – wurden damals als Sicherheitsmerkmale beim Druck von Banknoten und Ausweisen eingesetzt, da sie auf den um 1820 verwendeten Druckplatten nicht reproduziert werden konnten. Und last but not least übernahm er – wohl auf Bitte von Kaiser Franz I. – die Verwaltung der weit verzweigten Güter der Familie Orsini-Rosenberg in Kärnten samt deren Stadtpalais in Klagenfurt.

Der Reichtum musste auch gezeigt werden. So kaufte Peter von Bohr im Jahre 1819 Schloss und Herrschaft Kottingbrunn; das heute noch existierende Wasserschloss Kottingbrunn liegt etwa 15 Kilometer südlich von Baden. Dann erwarb er ein Haus im Weinort Mauer, der damals noch eine eigene Gemeinde war, eine Besitzung in der Leopoldstadt sowie ein Häuschen in Meidling. Dieses befand sich an der heutigen Kreuzung Tivoligasse und Zenogasse, lag also standesgemäß gleich neben dem Schönbrunner Schlosspark und wurde bei der Errichtung des heute noch stehenden Gründerzeitbaus kurz nach 1900 abgerissen.

Peter von Bohr war nicht nur wohlgelitten, sondern galt seinen adeligen Freunden als hochverehrte Persönlichkeit.

Und er war, soweit man mit diesem Mann vertraut sein konnte, vertraut mit Staatskanzler Metternich. Auch Kaiser Franz I. war ihm gewogen, soweit der Kaiser einem offenbar erfolgreichen Geschäftsmann gewogen sein konnte. Peter von Bohr beeindruckte jedenfalls seine Freunde und Geschäftspartner immer wieder mit neuen, überraschenden Ideen – so schlug er etwa die Errichtung einer „Holzzerkleinerungsanstalt" vor, in der Maschinen das Zerhacken des Brennholzes übernehmen sollten.

Doch schnell kann für Aufsteiger auch der Absturz kommen. Auch damals – im Vormärz – waren gesellschaftliche Positionen nicht auf Dauer fixiert. Innerhalb kurzer Zeit konnte man, ob mit legalen Mitteln oder nicht, von einer armen Kirchenmaus zu einem strahlenden Krösus aufsteigen und ebenso schnell konnte ein steinreicher Adeliger alle Besitzungen verlieren und in der Armutsfalle landen. 1826 schrieb der Volksdichter Ferdinand Raimund für sein Zaubermärchen *Der Bauer als Millionär* das „Aschenlied", und das beginnt gleich mit folgenden Versen:

So mancher steigt herum,
Der Hochmut bringt ihn um,
Trägt einen schönen Rock,
Ist dumm als wie ein Stock.
Von Stolz ganz aufgebläht,
O Freunderl, das ist öd!
Wie lang steht's denn noch an,
Bist auch ein Aschenmann!
Ein Aschen! Ein Aschen!

Nun, unser Peter von Bohr wollte kein Aschensammler werden, da hatte er schon auf geheime Weise vorgesorgt. Dann ging jedoch 1839 der Wirtschaftsbetrieb der Familie Orsini-Rosenberg, deren Güter Bohr verwaltete, in Konkurs. Franz Seraphicus Reichsfürst von Orsini-Rosenberg hatte sein gesamtes Vermögen am Spieltisch verloren, noch dazu war er mit 348.000 Gulden bei Peter von Bohr verschuldet. Um die Situation halbwegs zu klären, musste unser verhinderter Porträtmaler fast alle seine Besitzungen verkaufen; ihm blieben nur mehr das Wasserschloss in Kottingbrunn und das Häuschen am Grünen Berg in Meidling, gleich neben dem Schloss Schönbrunn.

Aber welch Wunder: Herr von Bohr und seine adelige Frau Gemahlin verkehrten in der besten Gesellschaft Wiens, als hätte der Schaden nicht sie getroffen. Gut, man wurde älter und gebrechlicher, auch die Sehkraft des Meisters ließ stark nach, er näherte sich seinem Siebziger. Aber noch immer führte das Ehepaar ein Leben auf großem Fuß und verfügte offenbar über beträchtliche Geldmittel.

So. Und jetzt wechsle ich die Perspektive und blicke auf die kommende Aufregung von der anderen Seite aus. Der Polizeikommissar Rudolf Köpp von Felsenthal, einer der besten Polizisten im Dienste des zu Beginn erwähnten allmächtigen Polizeichefs Sedlnitzky, wurde von aufmerksamen Kassierern der „Privilegierten Oesterreichischen Nationalbank" benachrichtigt: Sie hatten nach genauester Prüfung Falsifikate entdeckt, also Blüten. Und zwar nicht nur 10-Gulden-Scheine, sondern auch 100-Gulden-Scheine und sogar 500-Gulden-Scheine.

Die erste Reaktion von Polizeichef Sedlnitzky und seiner Mitarbeiter – wir stecken mitten im Metternich'schen Überwachungsstaat: Schweigen, Vertuschen, Nachrichtensperre. Die Falsifikate wurden durch echte Scheine ersetzt, und so konnte der normale Finanzkreislauf weiterhin existieren, als wäre rein gar nichts geschehen.

Doch der Polizeikommissar Felsenthal, ein Mann von „seltener Menschenkenntnis" und „fast Grauen erweckender

Doch bei einem Falsifikat konnte Herr Felsenthal tatsächlich den Weg zu einem Juwelier rückverfolgen.

Combinationsgabe", wie der Biograf Constantin von Wurzbach schreibt, ließ nicht locker. Er ließ den Weg jeder einzelnen Blüte so gut es ging rückverfolgen. Bei der Unmenge an Scheinen, die in der Regel mehrmals den Besitzer gewechselt hatten, ein schier aussichtsloses Unterfangen. Doch bei einem Falsifikat konnte Herr Felsenthal tatsächlich den Weg zu einem Juwelier rückverfolgen. Dort waren im September 1845 eine goldene Uhrkette gekauft worden und dazu ein Damenring. Der Juwelier kannte den Käufer mit Namen: Peter von Bohr. Felsenthal ließ daraufhin den greisen Geschäftsmann von seinen Agenten „fortwährend" überwachen, „mehrere Wagen standen auf nahen Plätzen, und stets unauffällig bereit, um ihm, falls er wegführe, gleich nachzufahren".

Graf Sedlnitzky genehmigte schließlich aufgrund der schweren Verdachtsmomente eine Hausdurchsuchung. Am 8. Oktober 1845 suchte Rudolf von Felsenthal das Häuschen des Ehepaares Bohr in der Tivoligasse in Meidling auf. Felsenthal berichtet darüber in einem Buch, das zunächst unter Verschluss gehalten wurde und erst 1853 in Teilen unter dem Titel *Aus der Praxis eines Wiener Polizeibeamten* veröffentlicht werden durfte:

Als ich nun bei meinem Eintritt in das Schlafzimmer an der Wand neben dem Tische eine Uhr mit jener Kette hängen sah, welche bei dem Goldarbeiter gekauft worden war, und von welcher Gattung ich eine gleiche bei mir trug, da hatte ich die Überzeugung, daß der Käufer jener Kette und des Frauenringes, welcher mit einer falschen Hundertguldennote bezahlte, und Bohr eine und dieselbe Person seien. Diese Wahrnehmung bestimmte mich, gleich im Moment die Verhaftung des Bohr vorzunehmen.

Gemäß dem Bericht von Kommissar Felsenthal soll der Meisterfälscher die Mitteilung seiner Verhaftung eher mit stoischer Ruhe und altersgemäßer Abgeklärtheit aufgenommen haben, es erfolgte kein Gefühlsausbruch und schon gar kein Fluchtversuch, dafür war er schon viel zu alt.

Details am Rande, die dazu beitrugen, den Verdacht zu verdichten: Bohr, ich lasse jetzt wie der Kommissar den Adelstitel weg, also Bohr hatte dereinst jene Guillochiermaschine konstruiert, die die Banknoten mit den Sicherheitsmerkmalen ausstattete. Und seine Neffen waren Schüler des bekannten Biedermeiermalers Peter Fendi, der die durch ein Stahlstichverfahren als fälschungssicher geltenden neuen Banknoten entworfen hatte.

In seiner Fälscherwerkstatt hatte der fast erblindete Meister mithilfe von Linsen- und Lupenapparaturen mit künstlerischer Intuition die mehr oder weniger makellosen Reproduktionen der Guldenscheine hergestellt.

Konkrete Informationen zu Bohrs Fälschungsmethoden sind spärlich, da sie von der damaligen Regierung – möglicherweise spielte Bohrs Ex-Spezi Fürst Metternich eine größere Rolle – unter Verschluss gehalten wurden. Laut Bericht des Kommissars Felsenthal gestand Bohr nur die Fälschung von 20.000 Gulden, tatsächlich muss es sich um ein Vielfaches des Betrages gehandelt haben. Auch über die Existenz der Fälscherwerkstatt gibt es geteilte Meinungen: Sie befand sich entweder in den Kellern des Häuschens neben dem Schlosspark Schönbrunn – später auch „Banknotenhäusl" genannt – oder im weiträumigen Schloss Kottingbrunn. In seiner Fälscherwerkstatt hatte der fast erblindete Meister mithilfe von Linsen- und Lupenapparaturen mit künstlerischer Intuition die mehr oder weniger makellosen Reproduktionen der Guldenscheine hergestellt. Die Ermittlungsbeamten konnten im Übrigen weder bei Mathilda von Bohr noch in der Barschaft ihres Mannes eine einzige gefälschte Banknote finden, das einzige Falsifikat entdeckten sie im Sparkassenbuch des Stubenmädchens, das keine Ahnung hatte, dass sie von ihren Dienstgebern betrogen worden war.

Nach einem spektakulären Prozess wurden der damals 73-jährige Peter von Bohr und seine Frau Mathilde am 23. März 1846 zum Tod durch den Strang verurteilt. Aus dem Spruch des Kriminalgerichtshofes Wien:

Der untersuchte Peter von Bohr ist des Verbrechens der Nachahmung als Münze geltender öffentlicher Creditpapiere schuldig, weshalb derselbe mit dem Tode durch den Strang zu bestrafen ist.

Die Urteile wurden jedoch von Kaiser Ferdinand in langjährige Kerkerstrafen umgewandelt. Bohr erhielt acht Jahre, seine Frau als Mitwisserin zwei Jahre. Beiden wurde der Adelstitel aberkannt.

Peter von Bohr starb im Zuchthaus Leopoldstadt schon im ersten Jahr seiner Haft am 15. Oktober 1846 und wurde am Friedhof zu Kottingbrunn bestattet. Niemand kennt jedoch seine Grabstätte. Aufgrund seines Todes wurde seine Frau Mathilde begnadigt, ihr Todesjahr ist unbekannt.

Die Erinnerung an den genialen Fälscher lebt indes: Im Schloss Kottingbrunn hat man eine Fälscherwerkstatt nachgebaut. Um den Preis von zwei Euro kann man hier einen gefälschten Null-Euro-Schein erwerben. Mit den typischen

Nur über die Spur einer falschen 100-Gulden-Note,
mit der Peter von Bohr bei einem Juwelier bezahlte, konnte Polizeikommissar Felsenthal den Unternehmer und Geldfälscher überführen.

Das „Banknotenhäusl" neben dem Schloss Schönbrunn,
in dem sich womöglich die Fälscherwerkstatt befand.

Peter von Bohr und seine Blüten leben auch heute noch fort: Figürliche Darstellung des Malers und Unternehmers im Villacher Schloss Rosegg (oben) sowie das Antlitz des Meisterfälschers neben dem Schloss Kottingbrunn, ebendort von einem „Falschgeldautomaten" auf einem Null-Euro-Schein gedruckt (unten).

Sicherheitsmerkmalen der Euro-Banknoten wie Wasserzeichen, Kupferstreifen und Hologramm.

Zum Fall Peter von Bohr gibt es ein Postscriptum. Wie das bewährte Autorenduo Christine Klusacek und Kurt Stimmer in seinem Meidling-Buch berichtet, fand man beim Abriss des „Banknotenhäusls" in der Meidlinger Tivoligasse im Jahre 1906 das unter einem Busch vergrabene Skelett eines Mannes. Er war zu jener Zeit begraben worden, als unser Meister Bohr die Villa bewohnt hatte. Seither rätseln die Hobbykriminalisten: Wer war jenes Opfer? Eine Liebesaffäre ist aufgrund der Gebrechlichkeit des Meisterfälschers auszuschließen. Wer also war hier im Garten der Villa von Meister Bohr verscharrt worden? Hatte Peter von Bohr noch ein anderes dunkles Geheimnis?

XXX

GESUCHT:

GREGOR BILDSTEIN

GEBOREN: ***1782***

BERUF: ***Wagnermeister***

GESUCHT WEGEN: ***Totschlag***

ROLLENDE RÄDER

Damals, also um 1830 und 1840, war er in Wien bekannt wie der falsche Fünfziger – und heute kennt ihn keiner mehr. Wahrscheinlich hängt das mit der Tätigkeit zusammen, die ihm die allseitige Berühmtheit verschaffte: Er rollte ein Rad. Im damaligen Sprachgebrauch rollte er es nicht, er „trieb" es. Ein Holzrad mit Reifen, etwa einen Meter hoch. Und er trieb es mit einem Finger, dem Zeigefinger. Einmal mit dem linken, dann mit dem rechten Zeigefinger. Und er trieb es nicht von einem Eck zum nächsten Eck. Sondern von Wien nach Baden. Oder nach Wolkersdorf. Oder nach Korneuburg. Und eine mehr oder weniger große Zahl von Fans begleitete ihn auf seinen Rad-Touren. Und eine ebenfalls mehr oder weniger große Gruppe von Schaulustigen wartete an den von ihm passierten Orten, um ihn anzufeuern oder mit Wasser zu bespritzen. Wie heute bei einer Radrennfahrt: Die Fans stehen am Straßenrand hinter der Absperrung und begrüßen die vorbeiflitzenden keuchenden Radler mit einem gehörigen Applaus.

Als gewissenhafter Chronist will ich jedoch die Geschichte mit ihrem Anfang beginnen. Bitte sehr. Da ward in der Gegend von Bregenz der Gregor Bildstein geboren. Das genaue Datum der Geburt ist unbekannt, man kann es aber aufgrund von späteren Altersangaben rückdatieren: Es war 1782. Nach der Walz, bei der er die Gegend um Wien großräumig erkundet und auch seine Frau kennengelernt hatte, ließ er sich in Zwischenbrücken, heute ein Teil des 20. Bezirkes, Brigittenau, als Wagnermeister nieder. Den alemannischen Dialekt hatte er bald abgestreift, und Bildstein wurde so zu einem richtigen „Zwischenbruckner".

Erster Halt in der Chronologie. Ein Wagner sägt aus Baumstämmen die verschiedenen Einzelstücke zurecht: die Nabe, dann die Speichen, etwa zwölf oder fünfzehn an der Zahl, und dann den äußeren Radkranz. Nun folgt das Zusammensetzen der Einzelteile. Allerdings war für die Benutzung ein Stahlreif notwendig. Dafür benötigte er einen Schmied.

> **Dabei dürfte es unser Gregor Bildstein zu herausragender Geschicklichkeit und einer perfekten individuellen Technik gebracht haben – wie bereits erwähnt, galt es, das Rad immer mit dem Zeigefinger in gleichmäßigem Tempo zu treiben.**

Zweiter Halt: Der Ort Zwischenbrücken lag innerhalb der verschiedenen Donauarme zwischen der nach Floridsdorf führenden Großen Taborbrücke und der für die Fernstraße nach Prag vorgesehenen Kleinen Taborbrücke. Durch die Donauregulierung 1870–1875 wurde der gesamte Ort mehr oder weniger zerstückelt und zerstört, manche Teile fielen an den Bezirk Brigittenau, andere an die Leopoldstadt. In der Treugasse 27 erinnert der „Zwischenbrückenwirt" an den historischen Ort.

Und in diesem Zwischenbrücken arbeitete unser Gregor Bildstein als Wagner. Seine Kinderschar wuchs, seine Wagnerei erhielt immer mehr Aufträge. War doch die Beschaffenheit der Straßen in den Augebieten der Donau eher bescheiden und so mancher Kutscher sah sich mit einem plötzlichen Radbruch konfrontiert.

In Zwischenbrücken gab es jedoch keinen Schmied und unser Wagnermeister musste das fertige Holzrad deshalb auf den Tabor zum dort ansässigen Schmied treiben, der es bereifte. Dann erfolgte die „Rücktreibung". Dabei dürfte es unser

Gregor Bildstein zu herausragender Geschicklichkeit und einer perfekten individuellen Technik gebracht haben – wie bereits erwähnt, galt es, das Rad immer mit dem Zeigefinger in gleichmäßigem Tempo zu treiben. Dabei musste stets der Rhythmus bewahrt werden, Technik und geballte Kraft ergänzten sich. Und seine bei der Radtreiberei erlernten Fertigkeiten dürften Gregor Bildstein zu den nächsten Zielen motiviert haben.

So weit ist unsere Geschichte ja noch recht unverfänglich und sie wird niemanden besonders beeindrucken. Aber es gibt ein gesichertes Datum: den 28. Juli 1828. Und an diesem Tag ereignete sich etwas Besonderes. Nicht in Zwischenbrücken, sondern am Rande von Baden, am Beginn des Helenentales, beim damaligen Wirten Sattelberger. Ein in der Hierarchie höher gestellter Wagner wettete mit Gregor Bildstein, dieser könne kein Rad innerhalb von sechs Stunden herstellen. Und unser Meister müsse erst einen Baum fällen, dann die einzelnen Holzteile zuschneiden und zu einem sich optimal drehenden Rad zusammenbauen. Gregor Bildstein hielt dagegen, der Wetteinsatz betrug hundert Gulden.

Auf der Hauswiese hinter dem Sattelberger – Johann Strauß Vater und Lanner pflegten auf der Hauswiese aufzuspielen – ließ unser Gregor Bildstein einen Baum fällen, hantierte mit bemühter Aufmerksamkeit und hatte nach genau vier Stunden und 15 Minuten das Rad hergestellt. Sein Wettpartner zahlte ohne zu murren den Hunderter, zahlte auch noch die Unkosten für den gefällten Baum und verschwindet damit aus unserer Geschichte.

Der Wirt hängte das Rad an die Wand seines Schupfens. Ein zweites kam später dazu, ebenfalls aus der Hand Gregor Bildsteins, das jedoch von Fürst Eszterházy erworben und auf Schloss Lockenhaus aufgestellt wurde. Bereits ein Jahr davor, also im Jahre 1827, hatte der Wirt das „Brauhaus Rauhenstein" eröffnet, um die Wallfahrer zu laben, die die vis-à-vis gelegene

Helenenkapelle besuchten. Rauhenstein ist der Name einer alten Ruine oberhalb der Helenenkapelle, aber auch die Gegend unterhalb der Ruine wird als „Rauhenstein" oder „Am Rauhenstein" bezeichnet. Das Brauhaus wurde übrigens 1881 von Carl Sacher, dem jüngeren Bruder des bekannteren Eduard Sacher, erworben und zu einem Luxushotel umgebaut. Wer heute von Baden ins Helenental fährt, sieht zur Linken der Straße das pompöse „Hotel Sacher Baden". Und rechts die kleine zierliche Helenenkapelle.

Für diese Veranstaltung erfolgte in der *Wiener Zeitung* vom 26. Juli 1828 folgende „Bekanntmachung":

Gregor Bildstein, befugter Wagnermeister, wird die Ehre haben, Montags den 28. Julius, oder falls die Witterung nicht zuläßt, Donnerstags den 31. Julius 1828 im Hofe des vorhin Walterischen nun Sattelbergerischen Gasthauses zu St. Helena bey Baden ... äußerst schnelle Verfertigung eines 4 Schuh 4 Zoll hohen Wagenrades zu wiederhohlen. Schlag 11 Uhr vormittags wird er damit anfangen und binnen 1 ½ Stunden die Buche fällen, dann das Holz zu den Bestandtheilen des Rades vorbereiten; und binnen weiterer vier Stunden zwölf Minuten das ganze Rad kunstmäßig verfertigen und anstreichen, endlich solches um halb 6 Uhr Abend mit einer Hand (indeß er in der linken Hand einen Stock halten wird) auf der neuen Straße in die Krainerhütte hin, und von da wieder zurückrollen.

Zurück zur Chronik der laufenden Ereignisse. Gregor Bildstein war seit den Ereignissen im Helenental ein bekannter Mann. Und die Buben von Wien hatten einen neuen Sport oder ein modisches Hobby kennengelernt – sie begannen auf den Straßen kleine Räder zu treiben.

Unser Wagner holte sich einen Schmied nach Zwischenbrücken, einen gewissen Wenzel Cecka – zumindest wird er von den Chronisten so geschrieben. Dieser tschechische Schmied sollte in der weiteren Geschichte als verschmitzter Charakterdarsteller noch eine tragende Rolle spielen.

Von nun an, sagen wir ab 1830, wird der Wagner Gregor Bildstein seine glorreiche Aktion etwa zweimal im Jahr wiederholen. Der Start war nicht mehr im Helenental, sondern zumeist in einem Wiener Gasthaus, genauer im großen Garten des Gasthauses, wo er auf einem reservierten Platz sein Rad zimmerte. Sodann trieb er das Rad in einen der oben genannten Orte, also nach Korneuburg oder nach Wolkersdorf oder wieder ins Helenental. Und kehrte mit dem Rad ins Gasthaus zurück. Das in Scharen kommende Publikum musste Eintritt zahlen – das Geld floss in die Taschen des Wagners. Und es speiste und trank – der Erlös füllte die Taschen des Wirts. Nicht nur die honorigen Bürger aus der Stadt, nein, sogar die Söhne mancher Adeligen begannen sich für das neue sportliche Vergnügen zu interessieren. Das Vergnügen wurde jedoch auf einer neuen Ebene ausgebreitet: Vor allem die jungen Adeligen begannen zu wetten. Schafft es der Alte – Bildstein zählte in der Zwischenzeit über 40 Jahre – unter sechs Stunden? Ja, locker, ich wette auf unter fünf Stunden. Da ohne Buchmacher in einen „Wettpool" einbezahlt wurde und die Sieger dann die einbezahlte Summe teilten, können wir bereits von einer technischen Abwicklung mittels eines „Totalisators" sprechen.

Für Start und Ziel seiner sportlichen Abenteuer wählte Gregor Bildstein oft das Lusthaus im Prater aus, gelegentlich startete er vom Paradeisgartl oder vom Spann'schen Wirtshaus am Spitz. In Wien und den Vorstädten wurden Plakate affichiert, die für seine Aktionen warben, der Meister war mit Hut und Frack abgebildet. Nicht überliefert ist, ob er tatsächlich in der „Einserschale" seine Aktionen durchgeführt hatte. Und über die Zeitungen wurde das kundige Publikum mit seiner

Aktion vertraut gemacht. So lesen wir am Samstag, dem 27. Juli 1839, in der *Wiener Zeitung* folgende Rezension:

Wir Endesunterzeichnete bestätigen hiermit, daß Gregor Bildstein, Wagnermeister am Tabor in der Au, das am 8. Julius d. J. zu verfertigende angekündete 4 Schuh 6 Zoll hohe Wagenrad wirklich öffentlich, und zwar ganz allein in dem Gasthausgarten des Herrn Mathias Spann am Spitz in unserm Beysein verfertigte ... Nach Vollendung desselben wohnte er um ½ 12 Uhr der heiligen Messe bey, und nach einiger Erhohlung begann die zweyte Aufgabe dieser schwierigen Produktion, indem er das obige Meisterrad um ½ 2 Uhr vom Arbeitsplatze vor sich, nach dem Stationsplatze Wolkersdorf unter einer auf Wagen befindlichen Volksmenge neben ihm her begleitend, und unter Beyfallrufe um 4 Uhr dort anlangte, und sich mit selbem Rade um 6 Uhr am Arbeitsplatze befand. Nach kurzem Aufenthalt am Arbeitsplatz rollte er selber das Rad durch Floridsdorf über die große Brücke und vor 7 Uhr langte er mit selbem Rade in der Leopoldstadt, im Gasthause zu den 7 Churfürsten an, und so hatte er auch diese schwierige Aufgabe vor seiner festgesetzten Zeit mit größtem Beifall vollendet.

Doch wir nähern uns schon der Tragödie. Der Schmied Wenzel Cecka, Nachbar des Wagners in Zwischenbrücken, hätte eigentlich von der Zusammenarbeit profitieren können. Doch nein, er konnte sich justament mit den Erfolgen des Bildsteins nicht abfinden. Er versuchte sich gleichfalls in der Kunst des Radtreibens, übte heimlich irgendwo in der Donauau, doch was passierte? Bei der ersten öffentlichen Vorführung landete das Rad im Straßengraben und die Zuseher verspotteten den tschechischen Schmied. Und auch sein debiler Sohn sollte sich nicht wie der Älteste des Wagners entwickeln, der nach dem Vater den Namen Gregor erhalten hatte. Zudem war er bei Bildstein hoch verschuldet. Da ersann der tschechische Schmied eine List, um einen Ausweg aus der für ihn misslichen Lage zu finden. So berichte ich jetzt über den Plan der Tücke, Teil eins.

Zum Tross des Wagners bei seinen Aktionen gehörte auch der Schani, der Sohn des Wirts in Zwischenbrücken. Besagter Schani war für die Versorgung mit Getränken während des Radtreibens zuständig. Der Schmied versprach nun dem Schani, dass er hundert Gulden erhalten werde, wenn er das Rad aus der Spur kippe und dabei beschädige oder zerstöre. Und der Wenzel Cecka setzte gegen Gregor Bildstein fünfhundert Gulden.

Natürlich misslang der Plan des Schmieds, der noch immer bärenstarke und gelenkige Bildstein ließ sich nicht aus der Spur bringen, er trieb souverän das Rad bis zum Ziel und kassierte von Wenzel Cecka die fünfhundert Gulden, die dieser sich bei seinen tschechischen Freunden in Wien zusammengeschnorrt hatte.

Nun folgt der Plan der Tücke, Teil zwei. Unser Wagner wurde älter und älter und wollte eigentlich mit den aufwendigen Spektakeln für immer aufhören. Schließlich könnte er sich zu Hause seiner Schar von Kindern widmen, über deren Zahl die Chronisten sich uneinig sind. Und mit seinen spektakulären Aktionen hatte er natürlich für seine Wagnereiwerkstatt geworben, die aus allen Teilen der Gesellschaft, also auch aus dem Hochadel, ihre gut zahlenden Kunden bezog. An Arbeit fehlte es ihm also nicht.

Da ersann der tschechische Schmied eine List, um einen Ausweg aus der für ihn misslichen Lage zu finden.

Ich folge nun weitgehend dem Bericht des Regierungsrats Ubald Tartaruga in seinem *Wiener Pitaval*. Die Handlung verläuft jetzt ähnlich der eines Heimatromans, doch im Unterschied zu diesem sollten sich die Handlungslinien verkehren und leider zu keinem Happy End führen. Es muss im Jahre 1844 gewesen sein, da kam der Schmied Cecka und bot dem Wagner tausend Gulden. Tausend Gulden für das Treiben des Rades vom Lusthaus im Prater bis ins Helenental zum schon bekannten Sattelberger. Bildstein schüttelte den Kopf: Nie und nimmer! Jetzt ist es endgültig aus mit der Treiberei!

Da redeten ihm wohlmeinende Freunde aus der Stadt zu. Er könne einen Tausender verdienen und wäre dann den lästigen Störenfried los, den böhmischen Schmied, da dieser, enttäuscht auf einem gewaltigen Schuldenberg sitzend, ihn nie wieder belästigen werde.

Also gut, Bildstein schlug ein, noch ein allerletztes Mal, er war schließlich schon 62 Jahre alt. Der Schmied hatte allerdings mit dem Wirtssohn Schani den nächsten heimtückischen Deal ausverhandelt. Der Schani würde dreihundert Gulden erhalten, wenn er dem Bildstein beim Rennen den Inhalt eines Packerls in die Trinkflasche schütte. Dieses Packerl hätte er von einem befreundeten Apotheker erhalten. Der Schani benötigte das Geld, weil seine Geliebte ein Kind von ihm erwartete. Und weil sein Vater, der Wirt, weder ihm das Wirtshaus vererben noch einer Trauung mit seiner schwangeren Geliebten zustimmen würde.

Also gut oder schlecht, der Start war wieder beim Lusthaus im Prater. Doch der Wagner Bildstein sollte diesmal das Helenental nicht mehr erreichen. Zuerst fiel sein gleichnamiger Sohn Gregor, einer der wichtigsten Personen im Tross, aus der Spur, nachdem er aus der Flasche getrunken hatte. Er litt plötzlich an heftigen Leibschmerzen und schaffte gerade noch die Rückkehr in die Wagnerei. Trotz ärztlichen Beistands starb er nach einigen Tagen an einer Lungenentzündung. Vater Bildstein erwischte es nicht so arg, er holte sich eine Bauchfellentzündung. Er musste

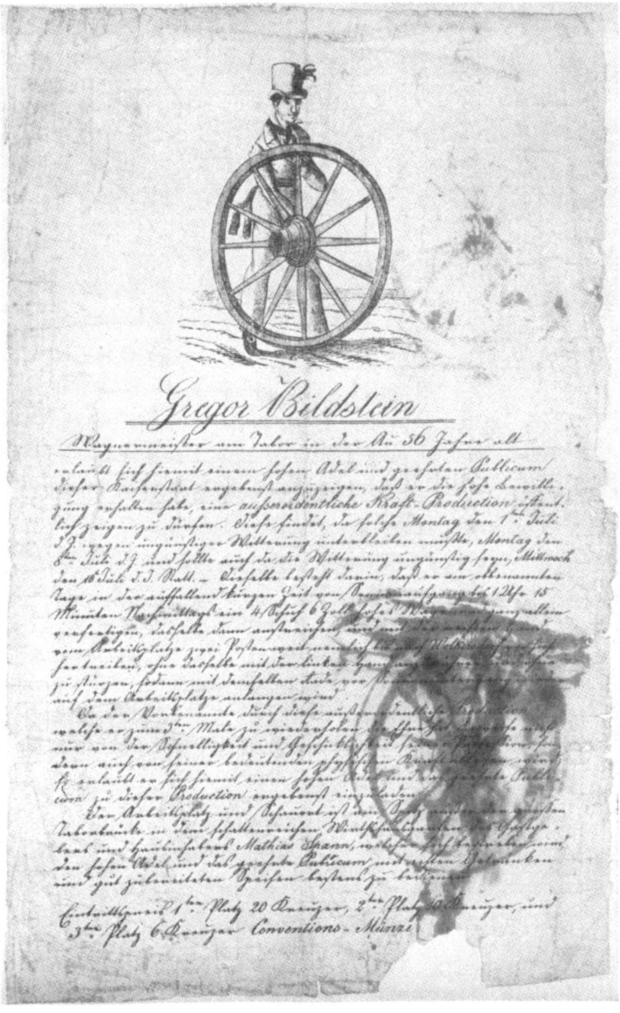

Gregor Bildstein

Wagnermeister am Tabor in der Au 56 Jahre alt

Gregor Bildstein auf Rad-Tour. Plakat aus den 1830er Jahren: „Wagnermeister am Tabor in der Au 56 Jahre alt …“ Abgebildet bei Franz Sommer, *Gregor Bildstein. Altwiener Lebensbild aus dem vorigen Jahrhundert.*

allerdings die Tour ins Helenental in der Nähe von Guntramsdorf aufgeben und verlor dadurch die Wette.

Seine Freunde aus der Stadt rieten ihm zur Nichtbezahlung des Wettbetrages sowie zu einem Prozess gegen den hinterhältigen Schmied – die ganze Sache mit den plötzlichen Erkrankungen stank doch ungeheuerlich zum Himmel. Doch Gregor Bildstein beglich als Ehrenmann seine Wettschuld. Und Wenzel Cecka nahm sie dankend oder auch nicht dankend an.

Ein paar Tage später wurde Gregor Bildstein junior zu Grabe getragen. Nach dem Begräbnis kam es zu einem Wortwechsel zwischen dem Schmied und dem Wagner, von dem wir keine Einzelheiten wissen. Allerdings wissen wir: Der wütende Bildstein zückte sein Messer und erstach seinen Widersacher.

Jetzt haben wir das Schlamassel mit der Heimatgeschichte. Der böse Schmied ist tot, der gute Wagner ist ein Mörder und ein junges, verliebtes Paar ist weit und breit nicht in Sicht. Der Mörder wurde nach der damaligen Gesetzeslage zum Tod durch den Strang verurteilt. Doch der Kaiser folgte einer alten Gepflogenheit und ersetzte die Todesstrafe durch eine lebenslange Haftstrafe. So wurde Gregor Bildstein in die Kasematten des Spielbergs zu Brünn transportiert. Dort lebte er nicht lange, das war auch nicht das Ziel einer Inhaftierung im Gefängnis zu Brünn, sondern er starb im ersten Jahr nach der Einlieferung.

Mit der Erzählung in Brünn gelandet, kann ich doch noch ein kleines Wunder bewirken und einen positiven Schlusspunkt setzen.

Der Wagner Georg Birck aus Eisgrub/Lednice gewann eine Wette: Er könne an einem Tag einen Baum fällen, aus dessen Holz ein Rad herstellen und dieses sogar 54 Kilometer weit bis nach Brünn rollen. Der Wagner schaffte sein Vorhaben am 14. Mai 1636, und seither hängt das Rad, bewacht von einem Krokodil, mit einem Durchmesser von 144 Zentimetern in der Passage des Alten Rathauses. Und das Rad wurde zu einem Wahrzeichen der Stadt Brünn.

Das Rad, das Bildstein 1828 anlässlich seiner denkwürdigen Wette angefertigt hatte, wurde in einem Fenster der Ruine Rauhenstein aufgehängt und war dort noch über hundert Jahre lang zu sehen. In den Jahren des NS-Regimes soll es dem Geländespiel von HJ-Angehörigen zum Opfer gefallen sein – die ahnungslosen Hitlerjungen verheizten das ehrwürdige Erinnerungsstück bei ihrem Lagerfeuer.

XXX

GESUCHT:

SEVERIN VON JAROSZYNSKI

GEBOREN: *1789*

BERUF: *Adeliger Lebemann*

GESUCHT WEGEN: *Raubmord*

DAS KARTENSPIEL UNTER DEM GALGEN

Im Wiener Kriminalmuseum ist ein kleines, jedoch äußerst kurioses Kunstwerk ausgestellt: ein Wachsbild. Eine aus Wachs geknetete, eher dicke und unförmige Gestalt hängt am Galgen. Gleich neben dem Galgen steht die Steinsäule „Zur Spinnerin am Kreuz“. Die ist freilich nicht geknetet, sondern mit wenigen Strichen modelliert.

So wurde mein Interesse für Severin von Jaroszynski geweckt. Von klein auf strebte er nach Höherem, auch wenn es schlussendlich nur zum Galgen reichte.

Geboren ward er 1789 auf dem Gut in Jaroszynice im damals zu Polen gehörenden Podolien. Kurz nach seiner Geburt, im Jahre 1795, wurde in der Ära der Aufteilung Polens besagtes Podolien dem russischen Zarenreich zugesprochen, einige aus dem alten polnischen Geschlecht der Jaroszynskis sollten fortan in Russland Karriere machen.

Der Vater unseres Severins schickte seinen 18-jährigen Sohn zur Ausbildung jedoch nach Wien, wo er im Plebanischen Institut am Hohen Markt inskribierte. „Pleban“ oder „Plebanus“ ist ein heute nicht mehr verwendetes Heteronym für einen Priester, der eine Stelle mit pfarrlichen Rechten bekleidet. Wie es der Teufel haben will, konnte der Sohn vom Fenster des Institutes aus auf die Schranne, die Schandbühne und den Schandpfahl blicken, die damals auf dem Hohen Markt aufgestellt waren. Und die Mär sagt nun, dass die Schulleiterin den zu allerlei Streichen neigenden jungen Mann zum Fenster gezogen hätte, um ihm wohl Ähnliches zu vermitteln wie: „Schau dort hin, so wirst du enden, wenn du nicht …!“

Da der Vater unseres Severins keine Kosten scheute, erhielt dieser zusätzlichen Einzelunterricht. So lernte er den begabten Mathematikprofessor Abbé Konrad Blank kennen, der sich ein wenig um den polnischen Heißsporn kümmerte. Jahre später sollten die beiden Männer einander in Wien wieder begegnen.

Um das Jahr 1813 kehrte unser Severin auf das väterliche Gut zurück, das er nach dem Tod seines Vaters geerbt hatte. Dort lebte er wie der Zar persönlich in Saus und Braus, doch im Gegensatz zum Fürsten aller Russen verspielte er am Kartentisch all seine Besitzungen und Wertgegenstände. Trotzdem gelang es ihm, sich in der schwerfälligen russischen Bürokratie zu etablieren, er wurde Kreismarschall von Moholov, dem heutigen Mogiljow, der drittgrößten Stadt Weißrusslands. Zudem heiratete er die vermögende Theophila Scalacola, über deren Herkunft nichts bekannt ist, und bald konnte das Paar sich dreier Kinder erfreuen.

Doch das Kartenspiel und nichts anderes sollte die zentrale Rolle im Leben unseres Severins einnehmen. Er verspielte das gesamte Vermögen und die Besitzungen seiner Frau, die sich schließlich von ihm trennte. So blieb ihm nichts anderes übrig, als nach russischem Staatsvermögen, sprich in die Amtskassa von Moholov zu greifen, sodass sich sogar der Zarewitsch, also der russische Thronfolger, in Sankt Petersburg für die gegen den polnischen Adeligen gerichteten Verdächtigungen interessierte.

Was also tun? Im Juni 1826, im 33. Lebensjahre, flüchtete unser Severin in die Donaumetropole, nach Wien, in die Stadt seiner Adoleszenz. Und wie kehrte er zurück? Mit seinem Diener Michael. Als vermeintlicher russischer Graf. Und mit Visitenkarten „Le Comte Severin de Jaroschinski, Marechal de Mohilow, Chevalier plusieurs ordres etc“. Und er bezog im repräsentativen Trattnerhof, heute Graben 29, ein wohlfeiles Quartier.

Mit den mathematischen Kenntnissen, erworben bei seinem alten Lehrer Konrad Blank, hätte er sich ausrechnen können, dass sich so manches im Leben nicht ausgeht, zumal er ja über keine Einkünfte mehr verfügte. Doch stellt ein Süchtiger Rechnungen an? Er ist ein notorischer Spieler, der für sein Spiel lebt, und manchmal für sein Spiel auch stirbt.

Eine von ihnen – wahrscheinlich auch die teuerste – war der neue Star am Wiener Theaterhimmel, die junge Therese Krones.

Zusätzlich zu seinen verlustreichen Kartenspielen musste er die kostspieligen Ausgaben für die Schauspielerinnen tätigen, die er zu seinen Liebhaberinnen erkor. Eine von ihnen – wahrscheinlich auch die teuerste – war der neue Star am Wiener Theaterhimmel, die junge Therese Krones.

In seinem Pech hatte unser falscher Graf jedoch auch das Glück des Schwindlers: Einem kleinen Handwerker leiht niemand einen Gulden. Bei einem Chevalier aber stellt man sich an, um ihm die Löcher mit Barem vollzustopfen. Der Chevalier zapfte sogar seinen Schneider an, dem er sowieso 750 Gulden schuldete. Der Schneider reichte ihm 12.000 Gulden. Und unser falscher Graf war wohlgelitten in den Spitzen der feinen Gesellschaft. Im Wiener Kriminalmuseum erblickt man ihn auf einer von Vinzenz Katzler angefertigten Lithografie mit dem Titel „Die Kassierin vom silbernen Kaffeehaus“. In einer gestellten Szene schäkern mit der Sitzkassierin unter anderen unser polnischer Graf, Ferdinand Raimund, Johann Strauß Vater, Ignaz Castelli, Joseph Lanner.

Doch im Jänner 1827 – ein halbes Jahr nach seiner Ankunft in Wien – war es wieder so weit. Seine gesamten privaten Besitzungen waren verpfändet, die Schar seiner Gläubiger begann wegen der ausständigen Rückzahlungen zu murren, und die russische Justiz fahndete nach ihm, der Vorwurf lautete: Veruntreuung von Staatsgeldern. Noch dazu war er mehr oder weniger fix mit Therese Krones liiert, obwohl er mit seinem blatternarbigen Gesicht, seinen schlechten Zähnen, der stumpfen Nase, der hohen Stirn und den zerzausten Haaren nicht dem Schönheitsideal der damaligen Zeit entsprach. Also musste er sie mit Geschenken überhäufen.

Therese Krones, 1801 im schlesischen Freudenthal geboren, sammelte ihre ersten Erfahrungen auf der Wanderbühne ihres Vaters. Anlässlich eines Auftrittes in Ödenburg, dem heutigen Sopron, wurde sie von Ferdinand Raimund entdeckt und nach Wien geholt. Ihre viel umjubelte Glanzrolle war die „Jugend“ in Raimunds Zaubermärchen *Das Mädchen aus der Feenwelt* oder *Der Bauer als Millionär*. Dabei sang sie folgenden bekannten Refrain:

Brüderlein fein, Brüderlein fein,
Mußt mir ja nicht böse sein!
Scheint die Sonne noch so schön,
Einmal muß sie untergehn.
Brüderlein fein, Brüderlein fein,
Mußt nicht böse sein.

Mit 26 Jahren war sie die Primadonna des Wiener Theaters, sie konnte sich jeden Mann aussuchen – und fand unseren falschen Grafen, den sie – vielleicht wegen des schwierig auszusprechenden Familiennamens – stets als „Graferl“ bezeichnete.

Doch der oder das Graferl saß in einer Falle, die zuzuschnappen drohte. Was tun? Er war ein Spieler, ein Schwindler, ein Hochstapler, aber ein Mörder? Ein Verbleiben in Wien – und weg wären seine Reputation, seine Therese, noch dazu drohten die Klagen der Gläubiger. Eine Rückkehr nach Russland? Was dort mit Verurteilten passierte, war ja auch in Wien bekannt. In solch einer Situation schwinden alle Hemmnisse, verflüchtigen sich alle Bedenken.

Ich will das Vorspiel zum Mord nicht in die Länge ziehen. Am 9. Februar 1827 lud das falsche Graferl seinen alten Mathematikprofessor, den Abbé Konrad Blank, zu sich nach Hause in den Trattnerhof. Der Geistliche erzählte von seinen Obligationen, also von seinen Pfandscheinen. Am 12. Februar erfolgte der Gegenbesuch im Haus „Zur eisernen Birne" an der Ecke Johannesgasse–Seilerstätte, wo der Weltpriester sehr zurückgezogen lebte. Doch der alte Mathematiklehrer hatte die meisten der Pfandscheine nicht in seiner Wohnung, sondern bei einem k. k. Kammerdiener aufbewahrt, logischerweise aus Sicherheitsgründen. Unser Severin bekundete seine Neugier, jene zu sichten. Am nächsten Tag, also am 13. Februar, war dann alles beisammen: Severin Jaroszynski, Konrad Blank und die Obligationen.

Der Rest ist kurz, aber nicht schmerzlos. Der falsche Graf stach seinem Lehrer mit einem Küchenmesser in den Hinterkopf, dann rammte er mehrmals das Messer in den Körper des wehrlos am Boden Liegenden und verschwand mit den Wertpapieren. Die Polizei sollte vierzehn Hieb- und Stichwunden im Körper des Ermordeten zählen.

Als der Mathematikprofessor am nächsten Tag nicht im Plebanischen Institut erschien, suchten die Studenten dessen Wohnung auf – und fanden die im Blut liegende Leiche. Die Polizisten konnten sich durch Zeugenaussagen von anderen Hausbewohnern, von Mitarbeitern der Bankhäuser, in denen unser falscher Graf sofort die Obligationen eingelöst hatte, und eines Fiakers bald ein relativ genaues Bild des Mörders machen. Und ihr Verdacht fiel sofort auf den Salonlöwen mit dem hässlichen Gesicht, auf Severin von Jaroszynski.

Nun folgt eine Szene, die leider noch nicht in Hollywood verfilmt, die auch nicht in einem der längst aufgelösten Filmstudios in Wien nachgedreht wurde. Der Regisseur hätte zwischen einer makabren und einer rührseligen Interpretation wählen können. Am 16. Februar 1827 lud der falsche Graf eine illustre Gesellschaft in seine Wohnung im Trattnerhof: ein paar Schauspielerinnen, ein Baron der russischen Gesandtschaft und natürlich Frau Therese Krones. Insgesamt 13 Personen, diese Zahl soll zu gelegentlichen Irritationen mancher Teilnehmer geführt haben. Grund der Einladung: Der falsche Graf wollte sich mit dem eingelösten Geld von Wien verabschieden und nach Russland zurückkehren.

Über dieses Abschiedssouper liegen zwei grosso modo übereinstimmende Berichte vor. Zum einen erzählt darüber Ubald Tartaruga im *Wiener Pitaval*. Zum anderen schildert die *Kronen-Zeitung* vom 12. Februar 1927 ausführlich den genau hundert Jahre zurückliegenden Mord – im Jahre 1827 gab es ja noch keine *Kronen-Zeitung*.

Und die Krones ereiferte sich, dieser Täter müsse gehängt werden, und wäre sie krank, dann ließe sie sich im Bette hintragen, um den Kerl baumeln zu sehen.

Also Abschiedssouper. Die Krones sang ihr Lied mit dem „Scheint die Sonne noch so schön, einmal muß sie untergehn“. Dann wurde über das Stadtereignis geplauscht, über den Mord am Mathematikprofessor. Und die Krones ereiferte sich, dieser Täter müsse gehängt werden, und wäre sie krank, dann ließe sie sich im Bette hintragen, um den Kerl baumeln zu sehen.

Die Person, die eingeladen hatte, wurde immer blasser und der Worte karger, wahrscheinlich troff der Schweiß über die Narben im Gesicht. Mit seiner Pfeife zog er sich in ein Nebenzimmer zurück.

Doch in der Zwischenzeit war die Polizei nicht untätig gewesen. Im Gegenteil. Sie hatte bereits die Wohnung des falschen Grafen im Trattnerhof umstellt und wartete nur mehr auf den geeigneten Zeitpunkt des Zugriffs.

Also jetzt.

Die Tür zum Nebenraum wurde geöffnet. Die Gesellschaft blickte auf Herrn Severin von Jaroszynski, die Hände am Rücken gefesselt, umringt von einer Schar Polizisten. „Ja, wir haben den Mörder geschnappt.“ Die Krones sank mit einem gellenden Aufschrei – da könnte selbst Hollywood nicht mithalten – zu Boden, wo sie regungslos liegen blieb. Und der falsche Graf wurde samt seinem Diener Michael ins Stadtgericht überstellt.

Die Krones reagierte sozusagen wie vom Schlage getroffen. Entsetzt über die Tatsache, von einem Mörder ausgehalten worden zu sein, wollte sie dem Theater entsagen, sie überlegte sogar, in ein Kloster einzutreten. Als in Wien bekannt wurde, dass ihr polnischer Galan in Wirklichkeit ein Raubmörder war, drehte sich die Stimmung gegen den einstmaligen Theaterstar. Die ersten Spottverse wurden geträllert, nach der Melodie aus dem Aschenlied aus Ferdinand Raimunds *Der Bauer als Millionär:*

Ein Pole kommt daher
Von Stolz und Schulden schwer
Und wenn ers auch nicht wär
Macht ihn die Krones leer!

Zwar gelang es Ferdinand Raimund, die Krones wieder auf die Bühne zu holen. Doch schon zwei Jahre später, 1829, erkrankte sie schwer. Am 28. Dezember 1830 starb die 29-jährige Schauspielerin im Haus „Zur Weintraube“ in der Leopoldstadt angeblich an den Folgen einer Abtreibung und wurde in Sankt

Der zu Tode Verurteilte musste auch gedemütigt werden, er sollte vor seinem physischen Ende auch psychisch gebrochen werden, und zu dieser Demütigung gehörte ein Spektakel für das johlende Volk.

Marx begraben. Später wurde sie an den Zentralfriedhof überführt und erhielt ein Ehrengrab der Gemeinde Wien und erfreut sich nunmehr der Nähe der Gräber von Johann Nestroy und Johann Strauß. Ihr Förderer Ferdinand Raimund, mit dem sie wahrscheinlich kein Verhältnis hatte, ist hingegen in Gutenstein begraben.

Und jetzt zurück zu unserem der Spielleidenschaft erlegenen Grafen.

Kürzen wir die Prozedur ab. Vier Monate lang leugnete er standhaft und wacker jegliche Beteiligung an dem Mord. Doch nach der Verabreichung von zwölf mehr oder weniger festen Stockstreichen gestand er seine Tat. Am 27. August 1827 wurde das Urteil verkündet: Tod durch den Strang. Kurz darauf fand ein nach den damaligen Gesetzen übliches theatralisches Ritual statt. Der zu Tode Verurteilte musste auch gedemütigt werden, er sollte vor seinem physischen Ende auch psychisch gebrochen werden, und zu dieser Demütigung gehörte ein Spektakel für das johlende Volk. Die Schranne, also das Gerichtsgebäude, heutiger Standort Hoher Markt 5, hatte einen von außen begehbaren Balkon. Von dort wurde der am Platz versammelten Menschenmenge das schon gefällte Urteil bekanntgegeben. Und der Delinquent musste, am Pranger vor der Schranne angekettet, dem Urteilsspruch zuhören. Und viel schlimmer: Er war dem Toben der nach Rache oder nach Gerechtigkeit heischenden Menschenmenge ausgeliefert. Ob unser Severin vom Pranger aus in jenes Plebanische Institut sah, das er vor fünfzehn Jahren besucht hatte?

Am 29. August, also zwei Tage später, wurde dem Delinquenten der letzte Wunsch gewährt. Und was begehrte unser Severin, sozusagen einen Schritt vor dem Galgen? Eine Partie Whist. Die Bitte wurde gewährt. In der Armensünderzelle des Gerichtes auf dem Hohen Markt, dem „Aussetzstüberl“, spielten mit ihm der Gerichtsarzt Doktor Kölbinger, der Privatier Fröhlich und der Schriftsteller Ignaz Castelli. Einen Kibitz gab es auch: den Gerichtsaufseher. Leider ist nicht zu ermitteln, wie hoch der Einsatz war in der allerletzten Kartenpartie im Leben des Severin von Jaroszynski. Ein Menschenleben sicher nicht.

Am nächsten Tag, dem 30. August 1827, war es so weit. Um sieben Uhr holte der Gerichtskommissär unseren verhängnisvollen Spieler aus dem „Aussetzstüberl“ ab. Der begehrte einen Schnaps. Nun folgte eine lange Reise vom Hohen Markt bis zur Spinnerin am Kreuz auf dem Wienerberg. Im Wiener Kriminalmuseum sieht man eine schematische Darstellung des „Hinrichtungszuges“. Die Spitze bildeten mehrere Reiter, sodann folgte eine Gruppe von Zivilpersonen, dann neun Husaren, dann das Prunkstück, der von drei Pferden gezogene Armensünderkarren, der als „Malefizwagen“ bezeichnet wurde. Unser Severin saß gefesselt gegen die Fahrtrichtung, musste also nach hinten blicken. Sodann ein Spalier Soldaten, dann die Kutsche mit dem Gerichtshof, eine Kompanie Soldaten, ein Zug Dragoner, schließlich eine Eskadron Husaren. Der gewaltsame Tod als öffentlicher theatralischer Akt.

Dem Tod war Herr Severin von Jaroszynski nicht mehr gewachsen. Schweiß tropfte von seiner Stirne, er litt an heftigen Atembeschwerden, mit Mühe konnte er den Knoten seines Halstuches öffnen. Der ihn begleitende „Galgenpater“ Philipp Jakob Münnich putzte ihm das Gesicht mit seinem Sacktuch. Ob er die zu seinem Tode führenden Ereignisse bei der Spinnerin am Kreuz noch bewusst miterlebte, ist eher zu bezweifeln.

Dort, am Wienerberg, herrschte schon längst Jahrmarktsstimmung. An die 20.000 Zuseher harrten des Spektakels, bei mobilen Standerln wurden die „Armensünderwurst“ und das „Henkerbier“ angeboten. Die Stimmung muss also heiter gewesen sein, als der lange Zug mit dem „Malefizwagen“ die Hinrichtungsstätte erreichte. Nun sollte die Hetz ihren Höhepunkt erreichen.

Der Henker legte die Schlinge um den Hals des Delinquenten. Im *Wiener Pitaval* werden als seine letzten Worte angegeben: „Ich bitte, machen Sie geschwind.“ Dann zogen die Knechte des Henkers den Bretterboden weg.

Der Turmwächter von Sankt Stephan konnte die Geschehnisse auf dem Wienerberg genau beobachten. Nach dem Tod des Verurteilten läutete er das „Zügenglöcklein“ und gab so das öffentliche Signal für die erfolgreiche Hinrichtung.

Dasselbe Ereignis aus der Sicht der *Kronen-Zeitung* vom 12. Februar 1927, genau hundert Jahre nach dem Anlass seiner Verurteilung:

Der Hinrichtungsakt nahm einen besonders aufregenden Verlauf durch den Umstand, daß der Delinquent augenscheinlich betrunken war. In der letzten Sekunde schrie er einige wilde Worte, da machte ihn der Strick des Henkers stumm ... Am Abend wurde der Körper des Gerichteten vom Galgen genommen und in dessen Nähe in die Erde verscharrt. Das war von alters her so vorgeschrieben.

Damit möchte auch ich den Bericht über jenen Grafen schließen, der beim Kartenspiel nach den Sternen greifen wollte und für seine Taten letztlich am Galgen hing.

XXX

„Graf“ Severin von Jaroszynski am 12. Februar 1927
auf der Titelseite der *Kronen-Zeitung,* genau hundert Jahre nachdem er seinen früheren Mathematikprofessor erstach, um an dessen Wertpapiere zu gelangen. Daneben seine teure Liebhaberin und Star der Wiener Theaterwelt Therese Krones.

7 Groschen für die österr. Republik

Illustrierte Kronen Zeitung

40 Heller

28. Jahrgang.

Nr. 9719.

Post-Abonnement für die österreichische Republik 1 Monat 2 Schilling 15 Groschen

Wien Samstag den 12. Februar 1927.

Post-Abonnement für die tschechoslow. Republik 1 Monat K 10.50, 3 Monate K 31.50 tschechoslowakischer Währung.

Der Kampf gegen die Kokainhändler. Razzien und Verurteilungen.

Der Mann mit dem blauen Kragenmantel.

GESUCHT:

JOHANN CARL FREIHERR VON SOTHEN

GEBOREN: ***1823***

BERUF: ***Geschäftsmann***

GESUCHT WEGEN: ***Lottobetrug***

MONEY MAKES THE WORLD GO ROUND

Hier in dieser Gruft
Liegt ein großer Schuft.
Zeigts keinen Zwanzger runter
Sonst wird er wieder munter.

Dieser Spottvers blieb übrig vom Leben des schwerreichen Johann Carl Sothen. Angeblich wurde der Vers auf die Elisabethkapelle vulgo Sisikapelle geschmiert, die unser Herr Sothen „Am Himmel" nördlich von Obersievering errichten ließ und in der er auch bestattet ist. Erschossen wurde Herr Sothen übrigens in seiner Kanzlei von seinem treffsicheren Jäger, aber darüber an gebotener Stelle.

Wer war dieser Johann Carl Sothen, der sich später den Titel eines Freiherrn kaufte und durch sein Leben und Wirken in den Annalen der Geschichtsschreiber einen zweifelhaften Platz gefunden hat?

Da fallen mir zwei Antworten ein. Zum einen gibt es die geradlinige historische Version, zum anderen eine verschlungene epische Variante.

Ich möchte mit der historischen Version beginnen. Geboren wurde unser Johann Carl am 15. Mai 1823 als Sohn des aus Göttingen zugewanderten Schneidermeisters Carl Friedrich Sothen, der es in Wien als k.k. Tabaktrafikant und k.k. Lottokollektant bereits zu beschaulichem Wohlstand brachte, so gehörte ihm das Haus in der Josefstadt 50, heute Schmidgasse 8. Sein Sohn Johann Carl lernte das Geldverdienen erst als Inhaber einer „Nürnbergerwarenhandlung" sowie als Mitarbeiter in Bankhäusern, ehe er den Tabak- und Lottoladen seines Vaters übernahm. Schon der Standort der „Sothen'schen Handlung" lässt auf gut gehendes und florierendes Geschäft schließen. Sie befand sich Am Hof Nr. 420 im Palais Collalto, heutige Adresse Am Hof 13. Heute kann man an dieser Adresse wohlfeile Kochbücher kaufen.

Rasch erweiterte der geschäftstüchtige Johann Carl Sothen sein Sortiment. Er verkaufte in seinem Laden gebrauchte Spiel- und vor allem Glückskarten, die verwendet wurden, um die Zukunft der die Karte ziehenden Person trefflich „lesen" zu können. Er musste die Karten mit Alkohol putzen, um sie als absolute Neuheit den neugierigen Kunden anbieten zu können. Er verkaufte Lose, die in Papier verpackt waren und die der Käufer mit einer Schnur ziehen konnte – sie waren zumeist Nieten. Und man konnte bei ihm die Zahlen für die Lotterie setzen.

Das fast schon unheimliche Talent für die Beschaffung von Geld war die Kardinaltugend unseres Herrn Sothen. Damals grassierte in Wien ein ungeheurer Losfimmel, das Los war des Glückes Schmied, laut vorherrschender Meinung musste man nur oft genug ein Los kaufen, um mit einem Male in ewigem Reichtum baden zu können. Und Johann Nestroy hatte 1833 seinen *Lumpazivagabundus* geschrieben, in dem die drei vazierenden armen Handwerker tatsächlich nach dem Kauf eines Loses den Hauptgewinn erzielen.

Schnell stieg unser Johann Carl in das lukrative Geschäft mit den Losen ein. Verlost wurden damals „Realitäten" – heute würde man sie als Immobilien bezeichnen. Und er machte in Wien das Promessengeschäft so bekannt, dass es zum guten Ton gehörte, in der ebenerdigen Handlung im Palais Collalto ein „Promessengeschäft" abzuschließen.

Ein was?

Also gut. Eine Promesse ist, wenn ich eine Schuldverschreibung auf einen möglichen Gewinn verkaufe, der jedoch nie gewinnen sollte. Alles klar? – Na, dann so: Eine Promesse ist,

> **Damals grassierte in Wien ein ungeheurer Losfimmel, das Los war des Glückes Schmied, laut vorherrschender Meinung musste man nur oft genug ein Los kaufen, um mit einem Male in ewigem Reichtum baden zu können.**

wenn heute jemand einen Lottoschein mit der Gewinnsumme von 100.000 Euro im Wert von hundert Euro besitzt, und der Promessenhändler verkauft jeweils einen einprozentigen Gewinnanteil an diesem Schein zum Preis von zwei Euro an hundert Personen weiter. Dann macht er einen Gewinn von zweihundert Euro, unabhängig davon, ob der Tipp gewinnt oder nicht. Alles klar? – Gut, nicht viel mehr kapierten auch die gierigen Käufer, denen unser Promessenhändler die Anteilscheine andrehte. Und er redete seinen der Promesse unkundigen Kunden ein, mit diesen Anteilscheinen ein Vermögen zu lukrieren. Selbstverständlich erwähnte er nicht, dass die Lose schon längst gezogen waren oder aus anderen Gründen nie ein Treffer wurden. Und sollte der Käufer der Promesse – welches übrigens vom lateinischen *promittere*, also „versprechen", kommt – bereits pleite sein, so gewährte ihm der Rechenkünstler Johann Carl großzügig einen Kredit, den er selbstverständlich wohlfeil verzinste. Die Gewinne lukrierte immer der Sothen. Und flugs wurde aus der „Sothen'schen Handlung" eine Wechselstube und aus der Wechselstube ein Bankhaus und aus dem Bankhaus ein Großhandelshaus, das von „Am Hof" längst auf den „Graben" übersiedelt war.

Kommen wir zur Lebensgestaltung des erfolgreichen Selfmade-Millionärs. Er hatte eine Franziska „Fanny" Kasperowitz (1822–1891) geheiratet, über deren Herkunft weiter nichts bekannt ist. Beim Prozess gegen den Mörder ihres Mannes wurde allerdings bekannt, mit welchen Methoden sie ihre Untergebenen schikanierte.

Und er kaufte 1849 das Gut „Am Himmel" am Pfaffenberg, wo er einen florierenden Gutsbetrieb aufbaute, um standesgemäß in himmlischer Gesellschaft schalten und walten zu können.

Damit nicht genug. 1855 erwarb er das damalige Schloss Cobenzl. Besagtes Schloss wurde verlost – solche Verkaufsmethoden waren, wie bereits erwähnt, damals üblich – und der geschickte Johann Carl überredete den glücklichen Gewinner, ihm schnell das Los zu einem Spottpreis zu verkaufen. So gelang es unserem Johann Carl, zu herrschen über den Himmel sowie über den angrenzenden Reisenberg mit dem Schloss Cobenzl. Beim Herzog von Sachsen-Meiningen hatte er sich den Titel eines Freiherrn erkauft, zudem auch den eines imaginären Konsuls; von nun an trug er den Staatsfrack eines sächsischen Konsuls, auf dem unzählige Orden baumelten. Über seine gewichtige Erscheinung berichtete *Die Presse* am 11. Juni 1881:

Sothen war in Wien bekannt durch seine auffallende Corpulenz. Die fettleibige Gestalt mit dem unförmlichen Gesichte, die keinen Platz fand in der eleganten Equipage, war den Massen, die noch mit ihm als Collectanten verkehrten, wie der eleganten Gesellschaft bekannt; denn Sothen besaß seine Loge im Burgtheater und erschien in früheren Zeiten auch viel bei Processionen und kirchlichen Feierlichkeiten.

Auf seinem Gut „Am Himmel", auf dem er Viehwirtschaft betrieb und Weinstöcke anpflanzen ließ, behandelte er seine Arbeiter schikanös. Für jedes kleinste Vergehen – das Sammeln von Holz für private Zwecke, das Ausschütten von einem Lackerl Milch – gab es Kürzungen vom ohnehin schon mickrigen Lohn. Zudem beschimpfte er seine Arbeiter durch ein Sprachrohr. Vermutlich wollte er die Distanz des Standes mit allen Mitteln wahren und die sündigende Person trotzdem maßregeln.

Die Ausbeutung seiner Arbeiter kompensierte er durch eine Unzahl frommer Taten. So gründete er 1859 nach der Schlacht von Solferino eine Stiftung zugunsten verwundeter Soldaten, im Jahre 1866 nach der Schlacht zu Königgrätz folgte die nächste Stiftung, diesmal für Invalide, Witwen und Waisen. Selbstverständlich überreichte der als tiefgläubiger Christ auftretende Freiherr dem Klerus fortwährend hohe Spenden mit der Bitte oder dem Auftrag, dass um sein Seelenheil inständig gebetet werden möge.

Schlimmer noch als er trieb es seine Frau Franziska, die „Freifrau". Hoch zu Ross perlustrierte sie das Gut „Am Himmel". Wenn sie jemanden bemerkte, der ihrer Meinung nach mit zu wenig Fleiß am Werke war, der vielleicht eine kleine Verschnaufpause einlegte, so schlug sie mit ihrer Peitsche auf dessen Rücken.

Die Ausbeutung seiner Arbeiter kompensierte er durch eine Unzahl frommer Taten.

Doch das Ende kommt früher, als man denkt. Im Juni 1881 kündigte der „Freiherr" seinen Jäger, einen gewissen Eduard Hüttler, der mit der Kündigung auch seine Wohnung verlor. Grund des Verstoßes des ausgezeichneten Schützen: Dieser lebte in wilder Ehe mit einer Frau namens Juliane Paschinger zusammen. Eduard Hüttler – er kümmerte sich auch um die gemeinsamen vier Kinder mit Juliane Paschinger – stand vor den Trümmern seiner Existenz. Bei einer Aussprache mit Herrn Sothen, die in den Morgenstunden des 10. Juni 1881 stattfand, reagierte er erstaunlich konsequent. Er griff nach seinem Jagdgewehr und erschoss seinen ehemaligen Arbeitgeber. Dann stellte er sich der Polizei. Die Herren am Polizeiposten wähnten erst, ein Irrsinniger wollte ihnen einen mächtigen Bären aufbinden, ehe sie begriffen, dass die Angaben des nervös und unsicher auftretenden Jägers auf Tatsachen beruhten.

Das *Neue Wiener Tagblatt* vom 12. Juni 1881 berichtet über die Chronik der Ereignisse, wobei aus dem Hüttler ein Hittler und aus vier unehelichen Kindern fünf wurden:

Der sensationelle Mord, welcher Freitag Abends an dem Besitzer des „Kobenzl" verübt worden ist, bildet begreiflicherweise noch immer das allgemeine Tagesgespräch. Dabei wird indeß einem objectiven Beobachter nicht entgehen können, daß sich die Theilnahme der Bevölkerung mehr dem traurigen Schicksale der Familie des durch seine Dienstesentlassung zu der That getriebenen Mörders, als dem Opfer des Verbrechens zuwendet ... Die Geliebte Hittler's befindet sich mit ihren Kindern noch immer in der Försterswohnung. Sie ist eine schwache abgehärmte Person, welche durch das Verbrechen, das der Vater ihrer fünf unmündigen Kinder begangen hat, ganz erschüttert ist. In den nächsten Stunden schon muß sie die Wohnung verlassen. Hittler theilte seiner Geliebten erst vorgestern mit, daß er den Dienst verliere: „Wir werden hinausgeworfen" – sagte Hittler – „weil wir nicht verheiratet sind; zehn Jahre duldete er's und jetzt will der Baron uns fortschaffen." Der Baron Sothen begründete in der That die Diensteskündigung, welche er dem Förster Hittler persönlich eröffnete mit den Worten: „Ich kann Leute nicht brauchen, die nicht einmal verheiratet sind. Sie müssen fort, ich geb' keinen Pardon."

Eduard Hüttler wurde den geltenden Gesetzen gemäß zum Tode verurteilt. Kaiser Franz Joseph wandelte die Todesstrafe in eine 20-jährige Haftstrafe um. Er wollte damit aber keine Sympathie für den Mörder des Freiherrn ausdrücken.

Der Kaiser pflegte fast jedes Todesurteil in einem kaiserlichen Gnadenakt durch eine langjährige Haftstrafe zu ersetzen.

Sollte jemand heute nach den himmlischen Latifundien des Lottomillionärs suchen: Nun, mit „Am Himmel“ wird heute noch die Hügellandschaft nördlich von Obersievering bezeichnet, genauer, nördlich des Steinbruches in Sievering gilt als Gipfel des Himmels der 415 Meter hohe Pfaffenberg. Die Zufahrt erfolgt allerdings von Grinzing aus über die Himmelstraße. Von den Besitzungen des Lottokönigs ist nur mehr ein kleiner Seitentrakt übriggeblieben. Dort – am Gspöttgraben – betreut die Caritas Menschen mit besonderen Bedürfnissen. Und nicht zu vergessen: Die Elisabethkapelle, oder Sisikapelle, wie sie oft genannt wird. Nach der Vermählung des Kaiserpaares ließ sie Johann Carl Sothen zwischen 1854 und 1856 auf seinem Grunde errichten, im Jahr 2002 wurde das in der Zwischenzeit dem Verfall preisgegebene Gebäude restauriert. Neugotischer Kitsch inmitten des dicht verbauten Waldgebietes oder imposantes Kleinod in idyllischer Umgebung – darüber sollen die Geschmäcker der Besucher richten.

Die 20.000 Personen, die laut den Berichten der Polizei seinem Sarge folgten, bewarfen die trauernde Witwe mit Eiern und Paradeisern.

Eigentlicher Zweck des neugotischen Kirchleins: Nach der Ermordung des Freiherrn am 10. Juni 1881 wurde er in der Elisabethkapelle bestattet, zehn Jahre später sollte seine Witwe nachfolgen. Die Kapelle ist also nichts anderes als das Mausoleum jenes Freiherrn, der auch nach seinem Tode nicht auf die Bequemlichkeiten des Himmels verzichten wollte.

Die 20.000 Personen, die laut den Berichten der Polizei seinem Sarge folgten, bewarfen die trauernde Witwe mit Eiern und Paradeisern. Welche Schmäh- und Spottverse sie deklamierten, ist nicht überliefert. Auf jeden Fall wollten sie sich vergewissern, dass der „Freiherr" seine Augen für immer geschlossen hatte. Ich zitiere das *Wiener Extrablatt* vom 15. Juni 1881, in dem über das Begräbnis des Lottomillionärs berichtet wird:

Wir sollten von ihm nichts als Gutes sagen. Es ist unmöglich. Es war kein menschlich guter Zug an ihm. Vor dem Todtengericht der öffentlichen Meinung wurden Klagen laut, welche jede bessere Empfindung wider ihn empörten. Nicht eine Zunge, nicht eine löbliche That sprach für ihn. Alles Zeugniß bekundete ein steinernes Herz, das niemals warm geschlagen und das, als es seine physiologische Thätigkeit eingestellt hatte zu seinen Vätern – den Gesteinen einer Felsengruft versammelt ward. Kein theilnahmsvolles Auge ließ den Born der ewigen Barmherzigkeit auf den marmornen Deckel niederthauen, nur die lodernden Blicke des Hasses, die brennenden Augen der Verzweiflung bohrten sich in denselben und die Clerisei murmelte darüber vorgeschriebene Gebete.

Nun komme ich zum zweiten Teil, zur epischen Variante. Ich starte am selben Ort wie bei der historischen Variante, in der „Sothen'schen Handlung" am Graben. Im selben Haus wohnte hoch zu Stocke ein böhmischer Taubenzüchter namens Wenzel Hüttler. Oft tratschte er mit seinem Mitbewohner im Laden zu ebener Erd', manchmal kaufte er ein Los oder setzte er auf eine Zahl, nie gewann er. Eines Tages, schon schwer von einer Lungenkrankheit gezeichnet, setzte er einen Terno mit den Zahlen 6, 10 und 81. Und siehe da, er gewann. Herr Sothen wusste natürlich, welcher seiner Kunden den Haupttreffer gesetzt hatte, schlich zu dem schon mit dem Leben ringenden Taubenzüchter Wenzel Hüttler hinauf und stahl ihm den „Riskonto“. Diesen löste er ein und erschwindelte sich so 10.000 Gulden, den Grundstock für seinen weiteren Reichtum.

Kaum starb der arme Taubenzüchter, kümmerte sich unser Herr Sothen fürsorglich und gezielt um dessen zwei Kinder. Der Tochter Berta bezahlte er eine Wohnung in Brünn und richtete ihr dort eine Taubenzuchtanstalt ein. Dem Sohne Eduard, einem ausgezeichneten Schützen, verhalf er ebenfalls in Brünn zu einer Stellung, sodann holte er ihn in sein Imperium zurück, da er für sein Gut „Am Himmel“ einen treffsicheren Jäger benötigte.

Mit der Tochter Berta traf er schließlich folgende Vereinbarung. In Brünn erfolgte die Lottoziehung bereits zu Mittag. Frau Berta schickte flugs eine abgerichtete Brieftaube mit den richtigen Zahlen ins Gut „Am Himmel“, die der schon dickliche Freiherr in der Kollektur kurz vor Annahmeschluss setzte.

Sein Reichtum stieg so ins Unermessliche, trotz verschiedener Gerüchte misstrauischer Zeitgenossen, die nicht an einen Zufall glauben wollten, wenn der dicke Freiherr stets ein paar Minuten vor Annahmeschluss in die Kollektur schwabbelte und immerfort auf die richtigen Zahlen setzte. Doch die Behörden hatten offenbar keine ausreichenden Beweise, um gegen ihn vorzugehen.

Frau Berta schickte flugs eine abgerichtete Brieftaube mit den richtigen Zahlen ins Gut „Am Himmel“, die der schon dickliche Freiherr in der Kollektur kurz vor Annahmeschluss setzte.

Bis zum 10. Juni 1881, also dem 10. 6. 81. Zahlenmystiker, nun seid Ihr dran, folgt dieser Spur. An diesem Tag forderte anlässlich einer Schnepfenjagd Eduard Hüttler vom dicken

Freiherrn die 10.000 Gulden zurück, die dieser Eduards Vater dereinst – wir erinnern uns an die Zahlen 6, 10 und 81 – gestohlen hatte. Und Eduard Hüttler wollte nicht bis zum 6. 10. 81 warten. Als der Freiherr die Zahlung verweigerte, erschoss ihn sein Jäger am 10. 6. 81 und stellte sich der Polizei.

Sie, geneigte Leserin, geneigter Leser, können sich nun aussuchen, welche Geschichte Ihnen eher behagt, die historische oder die epische. Ich habe dem nichts mehr hinzuzufügen. Oh, doch, den Epilog.

Also: Da die Ehe des Freiherrn kinderlos blieb und offenbar kein Erbe aufzutreiben war, verfiel das Gut „Am Himmel" im Laufe der Zeit. Heute befindet sich auf dem Gelände hinter dem Caritas-Heim ein keltischer Baumkreis mit Kalenderfunktion. Jeder Besucher kann nach dem ihm zugeneigten Baume suchen.

Mein Baum ist übrigens die Kastanie. Und die Überraschung: Johann Carl Sothens Baum ist – ebenfalls die Kastanie. Und die im Zeichen der Kastanie Geborenen zeichnen sich laut keltischem Baumkreis aus durch Konsequenz, Verlässlichkeit und Redlichkeit. Also: Es lebe die Kastanie!

XXX

Karikatur „Gottes Glück bei J. C. Sothen!" vom 22. Dezember 1872 in der wöchentlich erscheinenden Satirezeitschrift *Der Floh.* Gezeigt wird Bankier von Sothen als Christkind vor dem schmucken Christbaum mit Lotterielosen als Behang.

GESUCHT:

CAMILLO CASTIGLIONI

GEBOREN: *1879*

BERUF: *Unternehmer*

GESUCHT WEGEN: *Fragwürdige Börsenspekulationen*

HYÄNE, HAIFISCH ODER TAUSENDSASSA

Finanzmakler, Börsenspekulanten, Broker. Oft bestimmt eine klitzekleine Wendung in ihrem beruflichen Fortkommen, ob sie als wohlverdiente Manager in einem betuchten Palais in der Prinz-Eugen-Straße oder als ruchlose Betrüger im Gefängnis landen. Wer Lust hat, kann nach derartigen Prototypen auch in der jüngsten Geschichte Österreichs Ausschau halten.

Geboren ward unser C.C., wie ich ihn kurz und unverschämt nennen will und wie er sich selbst in seinen Noten und Briefen zu bezeichnen pflegte, am 22. Oktober 1879 im damals zur Monarchie gehörenden Triest. Sein Vater Vittorio Castiglioni war ein jüdischer Mathematiklehrer, er verfasste einige Bücher über Pädagogik und Judaistik, schrieb aber auch Gedichte in hebräischer Sprache. Jahre später, anno 1904, sollte er in Rom das Amt des Oberrabbiners von Italien übernehmen. Damit passte unser C.C., der eigentlich als „Kemiel" geboren wurde, dreißig Jahre später genau in das Klischeebild der Nazipropaganda: Sohn eines Oberrabbiners, Kriegsgewinnler, Spekulationskönig.

Beginnen wir mit dem Anfang. C.C. verdiente sich die ersten kaufmännischen Sporen ab 1900 in Konstantinopel, er leitete dort die Expositur der „Österreichisch-Amerikanischen Gummiwerke AG", aus der später die Semperit AG wurde. 1902, also mit 23 Jahren, übernahm er in der Haupt- und Residenzstadt Wien die Zentrale der Firma und heiratete nach jüdischem Ritus Alaïde Vitali, die Tochter des ebenfalls aus Triest stammenden Freundes und Beraters Lazare Vitali.

Und nun startete mit einem atemlosen Tempo der unaufhaltsame Aufstieg des jungen Unternehmers, der vor nichts und niemandem Halt zu machen schien. Ich fasse nur die markantesten Stationen des Emporkömmlings und Neureichen zusammen.

Seine Gummiwaren-Firma fusionierte 1910 mit den Semperitwerken in Traiskirchen, und unser C.C. wurde Direktor der Semperit Gummiwerke GmbH. Ein Jahr zuvor gründete er als eine Art Holding seine „Motor-Luftfahrzeug-Gesellschaft", kurz die MLG.

Und im selben Jahr beherrschte er auch die „Österreichische Daimler-Motoren-Gesellschaft", die sich Jahre später zur „Steyr-Daimler-Puch AG" entwickeln sollte. Damals war die Firma spezialisiert auf Flugzeuge und Rennautos. Und C.C. ließ sich nicht lumpen, wenn es um die fachliche Qualität der Konstrukteure ging. Er gewann als technischen Direktor einen gewissen Ferdinand Porsche, mit dem ihn eine langjährige Freundschaft verbinden sollte. Zudem holte er den zweiten genialen Konstrukteur der damaligen Zeit, einen gewissen Ignaz „Igo" Etrich, in sein Team. Auf dem Testgelände von C.C. in Wiener Neustadt gelang am 1. Juli 1909 der erste Testflug der legendären „Etrich-Taube" unter großer Anteilnahme des Publikums. Am 6. April 1910 hob das 100 PS starke Motorflugzeug zu seinem Erstflug ab. Und beide Konstrukteure, Porsche und Etrich, sollten in den Dreißigerjahren ihre Karrieren als dekorierte Nazis fortsetzen.

Wie schaffte er das, wie brachte er das zusammen, der C.C.? Der im Übrigen mit seiner Körpergröße von 1,68 Metern nicht gerade imposant ausschaute und mit seinem kleinen Bäuchlein, wienerisch Wamperl, nicht unbedingt dem Schönheitsideal der damaligen Zeit, sondern eher dem Klischeebild der Nazis vom „jüdischen Kapitalisten" entsprach.

Er hatte zwei Ambitionen, zwei Leidenschaften, bei deren Ausübung er das persönliche Interesse mit den Interessen seiner verschiedenen Firmen auf geniale Weise verbinden konnte: Fliegen und Autofahren.

In den elitären Clubs der Flieger, vielfach noch Aëronauten genannt, und der Automobilisten konnte er notwendige Kontakte knüpfen, die dem Emporkömmling nicht nur wohlwollende Freunde aus den Kreisen des Hochadels, sondern auch aus der Familie des Kaisers einbrachten – der Kaiser selbst war ja dem neumodischen Firlefanz stets abhold.

Dazu ein paar Anekdoten. Am 28. November 1907 erfolgte ein von den Medien und der Öffentlichkeit heftig akklamierter Testflug eines Militärflugschiffes, also eines lenkbaren Gasballons. An „Bord" befanden sich fünf Männer, darunter C. C. sowie sein Duzfreund Ferdinand Porsche, der den Motor konstruiert hatte.

Das Militärflugschiff startete am heute nicht mehr vorhandenen Flugfeld in Fischamend, flog in Richtung Wien, umkreiste die Stephanskirche, schwebte in Richtung Westen zu einem Schlenker über Schloss Schönbrunn – in der irrigen Annahme, dass der Kaiser daselbst verweilte – und steuerte dann über die Gloriette wieder nach Fischamend zurück. Der Kaiser harrte indes in der Hofburg aus, ließ jedoch über sein Kabinett eine wohlwollende und lobende Note an C. C. verschicken.

Dieser hatte schon längst gemerkt, dass viele hohe Offiziere der Armee, die er bald für seine Firmenziele benötigen würde, zu einem unbeugsamen Antisemitismus tendierten. Also konvertierte er 1912 zum alleinseligmachenden Christentum, zum evangelischen Glauben – übrigens ein Jahr nach dem Tod seines Vaters Vittorio Castiglioni, des Oberrabbiners von Italien. Und es folgte die Scheidung von seiner Frau Alaïde Vitali.

Eine weitere Anekdote, die seinen Stil kennzeichnete: Im Juni 1914 fuhr C. C. nach Berlin und bestellte den begabten Konstrukteur Ernst Heinkel in sein Logis im Hotel Adlon, das Appartement Nr. 401. Er machte dem Techniker ein wahrlich fürstliches Angebot: „Konstruktionsdirektor" in seinen Flugzeugwerken mit 100.000 Kronen Jahresgehalt. Doch Ernst

Heinkel sagte ab, da er ja mit den „Hansa- und Brandenburgischen Flugzeugwerken“ einen Kontrakt habe. „Sie werden in acht Tagen wieder von mir hören“, meinte C.C. zum Abschied. Eine Woche später hatte er die Hansa- und Brandenburgischen Flugzeugwerke übernommen und Herr Heinkel arbeitete als Konstrukteur für unseren Tausendsassa.

Weiter mit der Chronologie. 1914 begann das, worauf C.C. längst spekuliert hatte, der „große Krieg“. Und im Krieg verfolgte er zwei verschiedene Strategien. Jede einzelne sollte sich als finanziell äußerst erfolgreich erweisen, wiewohl die eine eigentlich das politische Ziel der anderen torpedierte und umgekehrt.

Zum einen leitete er mit seinen verschiedenen Firmen eine Art Holding, die bei der Lieferung an die Luftwaffe der Monarchie eine Monopolstellung hatte. Kampfflugzeuge, Zubehör, Wartung, für alles sorgte das Imperium unseres Triestiner Millionärs. Der zudem alle möglichen Rüstungsbetriebe in Deutschland, in Österreich und in Ungarn mit geschickten Verträgen, mit dem Kauf der Aktienmehrheit und mit Personalrochaden an seine Holding band. Als zentral rollende Achse für die Vielzahl von herumschwirrenden Beteiligungen brauchte er natürlich eine Bank. Im Mai 1917 übernahm er die Geschäftsführung der „Allgemeinen Depositenbank“ in Wien. Keine Bank für Anleger, sondern eine Bank für Investoren. Und für C.C. selbst, der die Depositenbank als seine Hausbank betrachtete und auf eine Trennung zwischen dem eigenen Vorteil und dem Interesse der Bank kaum Wert legte.

Gut. C.C. finanzierte also den – freilich nicht kriegsentscheidenden – Luftkampf der Monarchie mit. Er nahm viele Bankkredite auf, in Kronen und in Deutscher Mark. Da er jedoch mit fundiertem Blick feststellte, dass die Mittelmächte Österreich-Ungarn und Deutschland den Krieg wohl verlieren würden, legte er seine zahlreichen Kredite in der Schweiz an. In Franken und in Dollar. Tatsächlich verlor die Krone von Tag zu Tag an Wert, während der Wert der Währung der zukünftigen Sieger von Tag zu Tag stieg. So gewann man Kriege, während andere zur selben Zeit mit den falschen Transaktionen ihre Existenz verloren. Etwa Wilhelm Carl Ritter von Doderer, der Vater des Schriftstellers Heimito von Doderer. Der hatte fast sein gesamtes liquides Vermögen in die Kriegsanleihen gesteckt und nach dem Zusammenbruch der Monarchie feststellen musste, dass seine Kriegsanleihen samt und sonders wertlos waren.

Zurück zu C. C., dem umtriebigen Tausendsassa, bei dem alles gleichzeitig passierte. Sein gesellschaftlicher Aufstieg zu einem der reichsten Männer Österreichs spiegelte sich in seinen Wohnadressen wider. Er begann mit der Lindengasse 7, dann folgte die Mariahilfer Straße 109, dann der Schwarzenbergplatz 5 und schlussendlich, im Juli 1918, kaufte er ein Palais in der Prinz-Eugen-Straße 28. Wobei man seinen „Kauf" nicht allzu wörtlich nehmen sollte. C. C. pflegte bisweilen mit Aktien, Beteiligungen, Anteilscheinen zu bezahlen. Und sorgte nach seinem Kauf durch strategische Manipulationen dafür, dass der Wert besagter Aktien schnell in den Keller sank.

Sein gesellschaftlicher Aufstieg zu einem der reichsten Männer Österreichs spiegelte sich in seinen Wohnadressen wider.

Die Adresse des Palais war nicht von schlechten Eltern. Das Palais zur Linken gehörte der nicht unbekannten Familie Rothschild, und vis-à-vis blickte C. C. auf das illustre Belvedere. Das Palais im Stil der italienischen Frührenaissance hatte er samt Einrichtung von einem gewissen Eugen Ritter von Miller zu Aichholz übernommen, einem der reichsten Männer der Monarchie, dessen Ehe kinderlos geblieben war. Zur Einrichtung zählten unter anderem drei Kolossalgemälde von Giovanni Tiepolo, gewissermaßen als Blickfang im Treppenhaus. Sie waren von einem Vorhang verdeckt. Und C.C. genoss es, die staunenden Besucher mit dem theatralisch inszenierten Heben des Vorhanges zu überraschen. Weiters Gemälde von Rubens, Tintoretto, Donatello ...

In der Zwischenzeit hatte er anno 1916 die um 16 Jahre jüngere Burgtheaterschauspielerin Iphigenie Buchmann geheiratet. Mit ihr führte er ein relativ harmonisches Eheleben – freilich standesgemäß in Saus und Braus. Allerdings musste seine Iphigenie – eine Mödlinger Zahnarzttochter – dem Theater entsagen und als glückliche Millionärsgattin und später als noch glücklichere Mutter zweier Kinder eine neue Rolle spielen. Das neue Palais fungierte im neuen Österreich als der mondäne Treffpunkt der besseren Welt, C.C. lud gleich einem Renaissancefürsten gezielt die führenden Politiker der Christlichsozialen Partei sowie der Großdeutschen Volkspartei ein. Schauspieler gehörten zu den Dauergästen, ebenso die üblichen Parvenüs und Adabeis. Die Gäste langten mit den Löffeln nach dem Kaviar auf den Schüsseln, während die Mehrzahl der Wiener Bevölkerung darbte, hungerte und im täglichen Überlebenskampf steckte.

Weil es an diese Stelle passt: Beide Palais, jenes von Miller-Aichholz und jenes von Rothschild, wurden im Zweiten Weltkrieg von Bomben getroffen. Auf dem Rothschild-Areal errichtete die Arbeiterkammer ihre Zentrale, später auch Nebengebäude sowie ein Theater. Und unser Palais Miller-Aichholz, in dem von 1940 bis 1942 Baldur von Schirachs Baureferent Hanns Dustmann sein Büro gehabt hatte, wurde 1961 (!) abgerissen, es folgte der Bau eines architektonisch unspektakulären Wohnhauses. Die wertvolle Einrichtung war vorher im Dorotheum versteigert worden.

Porträt Camillo Castiglionis, als sich der Wind bereits gegen den Börsenspekulanten gedreht hatte. Das Bild zeigt den kleinen Groß-unternehmer im Jahre 1930, sechs Jahre nach dem Crash der Allgemeinen Depositenbank.

Die Burgtheater-schauspielerin Iphigenie Buchmann 1928 im Chinchilla. Sie musste als Ehefrau und zweifache Mutter ihre Rolle wechseln – bis sie den um 16 Jahre älteren und krisengebeutelten Castiglioni 1935 verließ, um sich in Hollywood erneut dem Schauspiel zu widmen.

Seiner Iphigenie sollte unser C.C. die Treue wahren, ehe sie ihn anlässlich einer Finanzkrise im Jahre 1935 verließ, um im fernen Hollywood Filme zu drehen. Wahrscheinlich haben sie die meisten von uns bereits gesehen: im Filmklassiker *Das Fenster zum Hof* von Alfred Hitchcock. An den Rollstuhl gefesselt, beobachtet James Stewart mit einem Feldstecher die Ereignisse im Haus gegenüber. Dort lebt auch die „Dame mit den Vögeln“, gespielt von Iphigenie Castiglioni.

C.C. war nicht der Typ des Abenteuers, der Nachtbars besucht und sich mit Tänzerinnen einlässt; er war auch nicht der Typ, der Spiellokale frequentierte, ob tolerierte und vom Staat geförderte, wie Casinos, oder ob illegale und deshalb umso reizvollere Glücksspielhöllen. Dieses Vergnügen, bei dem der Zufall oder das Glück über den Gewinn entscheidet, bot ihm keinen prickelnden Reiz. Ebenfalls ist nichts von Alkoholexzessen und Saufgelagen bekannt. Hingegen zeigte er ein fast schon sportliches Vergnügen, wenn es darum ging, seinen jeweiligen wirtschaftlichen Konkurrenten oder Gegner oder Partner mit einem charmanten Lächeln im Gesicht über den Tisch zu ziehen.

Schon vor dem Kriegsende war dem schlauen Geschäftsmann klar, dass seine Firmenholding nichts mehr einbringen würde. Warum? Mit dem Staatsvertrag von Saint-Germain vom 10. September 1919 wurde in Österreich die Produktion von Rüstungsgütern verboten. Castiglioni gelang es zeitgerecht, fast alle Beteiligungen seines Konsortiums zu verkaufen, nur die Hausbank, die Depositenbank, hob er sich für weitere Verwendungen auf.

Aber jetzt komme ich selbst ein bisschen durcheinander mit der Chronologie und am Ende ist mir Herr C.C. auch noch böse. Ich kann mir nicht vorstellen, wie Sie das geschafft haben, so viele Aktivitäten gleichzeitig in verschiedenen Ländern. Noch im September 1919 haben Sie die italienische Staatsbürgerschaft angenommen, Italien war ja eine Siegermacht, als Italiener hatte man schon mehr Renommee. Und Sie kümmerten sich aufrichtig um die Banca Commerciale in Mailand, die schon früh den Duce und die Zeitung der Faschisten unterstützte, und noch später sollten Sie der faschistischen Partei beitreten.

Aber die Schaltzentrale ihrer Interessen blieb noch immer Wien. Mit der schon bekannten Methode verschuldeten Sie sich in der inflationären Währung, kauften weiter fleißig Beteiligungen und legten die Gewinne in stabilen Währungen und in Gold an. Ein faszinierender Neustart, ein tolles Reset, das Sie da flott hingelegt haben. Die Bayern sind bis heute noch stolz auf Sie, weil Sie die Bayerischen Motorenwerke, also die BMW, gleich zweimal, manche meinen sogar dreimal, vor dem totalen Ruin gerettet haben. Und in Österreich, ja, in Mitteleuropa zielten Sie auf eine kooperative Verschmelzung der Autoindustrie, ob die beteiligten Firmen nun Puch oder Austro-Daimler oder sonst wie hießen. Und dazu kommt noch die Aktienmehrheit der Alpine Montangesellschaft in Donawitz …

Da konnte es nicht schaden, dass Sie zusätzlich die imposante Villa am Grundlsee erwarben, eigentlich die „Villa Castiglioni", und wenn Sie ganz schnell von Wien nach Berlin oder nach Mailand reisen mussten, Platz im ehemaligen Salonwaggon des Kaisers nehmen konnten, den Sie erworben hatten. Und Ihr Herr Chauffeur Bösenkopf musste parallel im privaten Austro-Daimler mit-

Die Bayern sind bis heute noch stolz auf Sie, weil Sie die Bayerischen Motorenwerke, also die BMW, gleich zweimal, manche meinen sogar dreimal, vor dem totalen Ruin gerettet haben.

fahren, um Sie vom jeweiligen Bahnhof zu Ihrem Nobelhotel zu chauffieren. Da ist es schon klar, dass auf den Türen der Autos und auf den Knöpfen der Livreen ein blank gescheuertes C.C. prangte. Haben Sie pikanterweise nicht selbst darauf hingewiesen, dass noch ein paar Jahre davor ein *k. k.* unserem schönen Land den Stempel aufdrückte?

Und wie antworteten Sie auf die üblen Vorwürfen, die von verschiedenen Seiten auf Sie einprasselten, von wegen Haifisch oder Hyäne oder Inflationskönig? Mit den schönen Künsten.

Am 1. April 1924 wurde das Theater in der Josefstadt mit Carlo Goldonis *Der Diener zweier Herren* wiedereröffnet. Sie hatten das desolate Theater im Jahr davor gekauft und retteten es so vor dem Abbruch, Sie ließen das Theater restaurieren, Sie holten den genialen Max Reinhardt als Direktor, dem Sie in Gönnerlaune einen frei zu handhabenden Finanzierungsrahmen einräumten. Und Max Reinhardt fuhr gleich nach Italien, um dort Luster und Statuen sonder Zahl einzukaufen. Und die Wiener Theaterwelt – zumindest die der Josefstadt – lag vor Ihren geschätzten Füßen.

Ähnlich verfuhren Sie mit dem Mozarteum in Salzburg, und von der gönnerhaften Spende für das Belvedere will ich gar nicht erst reden.

Freilich, da benötigten Sie auch eine Ihnen genehme Presse, schließlich standen die Feinde schon in den Startlöchern und warteten nur auf den Startschuss, um mit der Hetze zu beginnen, ob es sich um Karl Kraus handelte, der Sie einmal als Haifisch, dann wieder als Hyäne bezeichnen würde, oder die Federführer der Nazis mit ihrem „dreckigen Saujuden"!

Also verbündeten Sie sich mit dem Zeitungszaren Imre Békessy, dem auch ein Kapitel in diesem Buch gewidmet ist. Ein Imperium mit einem Inflationskönig und einem Zeitungszar, was soll da schiefgehen. Und Sie konnten in der Wochenzeitung *Die Börse* schalten, in der Sie durch geschickt platzierte

Berichte die Börsenkurse manipulierten. Und zum Imperium zählte dann noch die linksgerichtete Tageszeitung *Die Stunde*, warum nicht, auch verschlungene Wege führen zum Ziel. Und dann die Wochenzeitung *Die Bühne*, womit wir oder besser gesagt Sie wieder zu den schönen Künsten zurückkehren, die Sie ja so gönnerhaft unterstützten.

Trotzdem werden Sie das Jahr 1924 nicht als ihr Glücksjahr verbuchen, sondern als das Ihres Crashs, und Sie gestatten mir, dass ich das vertrauliche und fast intime Zwiegespräch mit Ihnen beende und wieder zum distanzierten Bericht zurückkehre.

Also: In einem komplexen und aus mehrfachen Transaktionen bestehenden Verfahren gab C.C. fast das gesamte Vermögen der Depositenbank aus, um gegen den französischen Franc zu spekulieren. Da aber ein vielleicht noch größerer Spekulant, ein John Pierpont Morgan, kurz J.P. Morgan, Sohn des Gründers der heute größten Bank der USA, der französischen Regierung einen Kredit von 100 Millionen Dollar zur Stützung der Währung einräumte, verlor die Depositenbank das bei den Transaktionen eingesetzte Vermögen. In Wien wurde ein Gerichtsverfahren gegen C.C. vorbereitet, es ging um die Schadenersatzforderungen der Aktionäre der Bank. Am 24. Mai 1924 sollte er noch von Benito Mussolini mit der höchsten Auszeichnung des Landes Italien geehrt werden. Bald darauf schlossen die Schalter der Bank, alle Mitarbeiter wurden gekündigt, die Aktie, die vor wenigen Monaten noch mit 120.000 Kronen notiert war, wurde vom Kurszettel gestrichen und die Anleger mussten durch ihre Finger schauen. „Um die Geheimhaltung der bevorstehenden Verhaftung zu wahren, ging der Untersuchungsrichter nach der Sitzung der Ratskammer persönlich zu dem damaligen Wiener Polizeipräsidenten Schober, um die Modalitäten der Verhaftung beziehungsweise Vorführung am nächsten Tag zu besprechen“, so Karl Ausch in seinem Buch *Als die Banken fielen*. Genau an diesem Tag, am

27. September 1924, erhielt unser C. C., der die besten Kontakte zur österreichischen Regierung pflegte, einen gut gemeinten Tipp – und er setzte sich nach Italien ab. „Als die Kriminalbeamten am 28. in der Früh anklopften, waren die Herren (C. C. und seine Hauptbevollmächtigten) verschwunden – sie waren außer Landes geflohen.“

Mit dieser Verschwindung möchte ich mich auch von C. C. mit dem gebotenen Respekt verabschieden und mich nicht mehr in sein Privatleben einmischen. Nein, keine Angst, er wurde nicht verurteilt, denn der italienische Außenminister intervenierte in Wien, zudem saßen in der Regierung ein paar alte Bekannte. Und C. C. schaffte den Ausgleich mit den Anlegern, die Schadenersatz forderten. Allerdings musste er einen Großteil seines Firmenimperiums verkaufen. Er verlagerte seine Aktivitäten auf andere Standorte, etwa nach Berlin oder nach Eisenach, und als sein alter Kumpan Benito Mussolini ihn fallen ließ, emigrierte er in die Schweiz, und als die Schweizer Behörden ihn fallen ließen, landete er unter falschen Namen in einem Franziskanerkloster in San Marino. Und als die SS an seiner Türe klopfte, wollte er sich aus dem Fenster stürzen, aber ein Klosterbruder hielt ihn zurück, weil die SS nicht nach ihm suchte, sondern nach zwei entflohenen britischen Piloten.

Jetzt folgt der letzte Abschied: Nach dem Krieg lebte C. C. als Finanzberater in Mailand. Er vermittelte ein paar Kredite an Jugoslawien, und als er die Provisionen nicht goutierte, ließ er jugoslawische Besitzungen in Italien pfänden. Am 28. Dezember 1957 segnete er in Rom das Zeitliche. Ob Camillo Castiglioni im Grab zur ewigen Ruhe finden konnte?

Karl Kraus schrieb in der *Fackel* vom Juli 1925, Nr. 691–696, über C. C.:

DIE FACKEL

Nr. 691—696 JULI 1925 XXVII. JAHR

Der Mäzen

Er sitzt nicht in der Galeere,
er sitzt in der Galerie.
Die Justiz sagt Habe die Ehre
zu einem Finanzgenie.

Wer einen Schilling gestohlen,
erlebt ihren vollen Verdruß.
Doch erlaubt sie, zehn Rubens zu holen
mit etwas Spiritus.

Am allergeringsten Diebe
erstarkt ein schwächlicher Staat.
Mit christlicher Nächstenliebe
umfängt er ein Syndikat.

Stets steht er auf seinem Posten,
wenn wer ein Stück Fleisch stibitzt.
Dem wird's den Hals nicht kosten,
der ihn bereits besitzt.

Veruntreuung? Was denkt man!
Es spielt in höheren Rängen!
Die kleinen Sammler hängt man,
die großen läßt man hängen.

Nie wird die Gerechtigkeit handeln,
ohne durch die Binde zu sehn.
Unter Palmas ungestraft wandeln
gestattet sie dem Mäzen.

Und nach Italien reist er,
und sie nimmt vor ihm ihren Lauf.
Kehrt er heim, so hängt er die Meister
gleich über der Kassa auf.

Manch Tiepolo blickt hernieder
auf diesen Tatbestand.
Wo auf der.Welt gibt's wieder
ein so kulturvolles Land?

Manch Correggio glüht in Farben
von einer unsterblichen Scham,
daß Gottes Geschöpfe starben
und dieser ihn bekam!

Millionen Augen geschlossen
für solches Vaterlands Ehr'
und Gottes Schöpfung genossen
von einem Millionär!

Erstickt alles göttliche Sehnen,
kein Meister ruft es zurück.
Die Kunst gehört den Hyänen
und ihrem berufenen Blick.

Da fehlt ein Bild; vermißt es,
wo himmlische Gnade starb.
Ein Höllenbreughel ist es,
den sich diese Welt erwarb.

GESUCHT:

ERNST WINKLER

GEBOREN: ***1886***

BERUF: ***Füllfederhändler***

GESUCHT WEGEN: ***Irreführung der Behörden***

DER GOLDFÜLLFEDERKÖNIG

Im April 1927 fand im Wiener Landesgericht der spektakuläre Prozess wegen Versicherungsbetruges gegen die bildhübsche Martha Marek statt. Während des Prozesses erhielt das Gericht einen anonymen Brief. Kurz zusammengefasst lautete dessen Inhalt: Der Verfasser des Briefes hätte Martha Marek eine Morphiumspritze beschafft, Frau Marek hätte diese ihrem Mann Emil Marek an einer mit Tintenblei markierten Stelle am Fuß injiziert. Dann hätte sie ihm mit einer Axt das Bein abgetrennt.

Das hochlöbliche Gericht neigte zur nicht unbegründeten Ansicht, beim Briefschreiber handle es sich um den amtlich bekannten Ernst Winkler, einem Füllfederhändler, der mit unbändiger Energie die Öffentlichkeit immer wieder mit Falschmeldungen zu irritieren pflegte. Das Gericht bezweifelte daher die Glaubwürdigkeit des anonymen Briefes und sprach Martha Marek von allen Anklagepunkten frei. Die Versicherung zahlte einen Großteil der Versicherungssumme an das Ehepaar Marek aus. Martha Marek, die versucht hatte, den Gerichtsmediziner zu bestechen, wurde allerdings zu einer geringfügigen Freiheitsstrafe verurteilt und lernte im Gefängnis die Giftmörderin Leopoldine Lichtenstein kennen – eine verhängnisvolle Bekanntschaft, die sie später zu einer Reihe von Morden „inspirieren" sollte.

Mit dem Vorwurf des Gerichtes konfrontiert, dass er der eigentliche Verfasser des Briefes sei, dementierte Ernst Winkler zunächst seine Urheberschaft, dann widerrief er sein Dementi und bekannte sich zum Brief, ehe er dieses Bekenntnis nochmals widerrief und seine Urheberschaft leugnete. Wer auch immer diese obskur anmutenden Zeilen an das Gericht verfasst hatte, ihr Inhalt dürfte in weiten Strecken der Wahrheit entsprochen haben. Martha Marek bzw. ihr Ehemann Emil Marek hatte den Unterschenkel abgehackt, um von der Versicherung die Prämie zu erhalten.

Wer war dieser ominöse Ernst Winkler?

Er kam am 15. Jänner 1886 in der niederösterreichischen Industriestadt Ternitz zur Welt. Über seine Jugend ist so gut wie nichts bekannt, ich kann nur vermuten: triste proletarische Verhältnisse sowie der unbedingte Drang nach oben in die „bessere" Gesellschaft.

Nach einem unsteten Lotterleben auf bescheidenem Niveau wurde Ernst Winkler erstmals 1911 – mit 25 Jahren – aktenkundig, allerdings unter dem Namen „Edgar Graf Henckel, Freiherr von Donnersmarck". In Dresden fuhr er in einem gemieteten Automobil zum Geschäft des Hofjuweliers, betrat mit Gehrock, Zylinder und Monokel den Laden und überreichte eine pompöse Visitenkarte. Der Titel „Edgar Graf Henckel, Freiherr von Donnersmarck, Fideikommißherr auf Beuthen" war mit einer neunzackigen Krone geschmückt. Er ließ sich die wertvollsten Objekte des Juweliers vorführen, sodann bat er ihn, diese exquisiten Preziosen auf sein Schloss zu liefern.

Der Coup – oder was immer es sein sollte – ging jedoch ordentlich daneben. Vielleicht erinnerte sich der misstrauische Juwelier an einen Berliner Schuster namens Wilhelm Voigt, der erst 1906, also fünf Jahre zuvor, mit einer gestohlenen Uniform das Rathaus von Köpenick besetzen ließ. Jedenfalls verständigte er sofort die Polizei. Ernst Winkler wurde bald darauf am Dresdner Bahnhof verhaftet und nach einem kurzen Prozess zu sechs Jahren Zuchthaus verurteilt. Da er in der Tat nichts gestohlen hatte, erfolgte das Urteil nur wegen „schwerer Urkundenfälschung".

Sinn und Zweck dieses eigenartigen Coups sind nach wie vor unverständlich. Wollte Winkler die Preziosen tatsächlich stehlen? Möglich, wie durch spätere Gerichtsaussagen belegt wird. Oder nur in höfischer Gewandung auftreten und dadurch die mit ihm konfrontierten Personen zu subalterner Unterwürfigkeit verleiten? Oder sich einen Jux machen? Dafür waren die ihm aufgebrummten sechs Jahre doch ein schwerer Brocken. Und sie verfehlten nicht ihre Wirkung. Ernst Winkler wurde von nun an getrieben von einem tiefen Hass auf die Justiz und dem lustvollen Bestreben, die Ermittlungen der Behörden mit irreführenden Hinweisen zu behindern.

Zurück zur Biografie. Nach dreijähriger Haft in Dresden wurde Ernst Winkler im Jahr 1914 vom sächsischen König begnadigt. Über seine Aktivitäten im Ersten Weltkrieg ist nichts bekannt, Ernst Winkler tauchte spätestens 1918 in Wien auf und eröffnete sodann an respektabler Adresse – Kohlmarkt 5 – ein Füllfedergeschäft. Ab den frühen Zwanzigerjahren sollte er durch spektakuläre Aktionen auffallen, über die in der Presse hingebungsvoll berichtet wurde. Viele der Aktionen verstießen nicht gegen die geltenden Gesetze, sodass die Justiz mehr oder weniger ohnmächtig dem Winkler'schen Treiben zusehen musste. Die Sensationsberichte der Presse affichierte er in den Auslagen seines Füllfedergeschäftes, sodass seine „Mystifikationen" – Eigendefinition von Meister Winkler – immens zum Bekanntheitsgrad seines Ladens am Kohlmarkt beitrugen. Ernst Winkler war in Wien bekannt wie ein falscher Fünfziger. Dementsprechend bezeichnete er sich selbst als „Goldfüllfederkönig".

Ernst Winkler wurde von nun an getrieben von einem tiefen Hass auf die Justiz und dem lustvollen Bestreben, die Ermittlungen der Behörden mit irreführenden Hinweisen zu behindern.

Ich möchte nicht die vielen Täuschungsmanöver und angekündigten Selbstmorde der Reihe nach aufzählen, sondern mich auf die auffälligsten Aktionen konzentrieren. Am 12. September 1926 fanden drei Ausflügler beim Husarentempel auf dem Anninger einen braunen Toilettenkoffer. Darauf eine Visitenkarte mit der Aufschrift: „Edgar Graf Henckel, Freiherr von Donnersmarck, Fideikommißherr auf Beuthen". Zusätzlich lasen die überraschten Wanderer in einem beigelegten Brief, dass besagter Graf sich hier umgebracht hätte. Der Finder der Leiche würde 100.000 Goldmark erhalten. Das Geld wäre bei der Leiche deponiert. Im Brief befanden sich zudem die Autogrammkarten von Richard Wagner, Johann Strauß, Nikolaus Lenau und Joseph Lanner, die später von Sachverständigen als authentisch eingeschätzt wurden. Zudem verabschiedete sich der Verfasser von einer gewissen Mimi B. aus Wien XIII.

Nun war die Hölle los. Wer halbwegs bei Fuß war, durchkämmte die weitläufigen Wälder rund um den Husarentempel, um die Leiche des Freiherrn – und somit das Geld – zu finden. Halb Wien war unterwegs, um – so die amtliche Formulierung – die Polizei und die Gendarmerie bei der Suche nach der Leiche zu unterstützen. Und gefunden wurde nichts.

Die Behörden ermittelten nun im real existierenden Milieu des Adels – und wurden bald fündig. Sie stellten fest, dass sich ein Graf Edgar Henckel-Donnersmarck wohlbehalten auf seinem Schloss Brynnek im Kreise Gleiwitz befände. Graf Edgar sei der einzige seines Namens der beiden Linien der Familien, der sogenannten österreichischen Linie der Grafen auf Brynnek und der protestantischen, der Fürsten Henckel auf Neudeck bei Tarnowitz. Graf Hugo Henckel-Donnersmarck, ein Enkel des alten Henckel, reiste sogar nach Wien, um über das unversehrte Leben seines quicklebendigen Großvaters zu berichten.

Also doch ein Jux. Und prompt fiel der Verdacht auf jenen Füllfederhändler, der es darauf anlegte, die Behörden zu foppen und zu irritieren.

Eilig suchten sie in und rund um Wien nach besagtem Ernst Winkler. Aber oje, dieser hatte ausgerechnet für den 12. September 1926 seinen Selbstmord in Carnuntum angekündigt – und war seither von der Bildfläche verschwunden. Ich zitiere aus der Tageszeitung *Die Stunde* vom 12. September 1926:

Vor ein paar Tagen hat Winkler angekündigt, daß er keine Lust habe, sich mit der österreichischen Justiz noch länger herumzubalgen, er lehnte Österreich in Bausch und Bogen als befangen ab. Das einzige Recht, zu dem er Vertrauen habe, sei das alte römische … Die schlecht gedüngte republikanische Erde sei nicht wert, die Gebeine eines ehrlichen Bürgers zu decken, wohingegen es ein erhabenes Gefühl sein müßte, an der Seite uralter Römer in dem altehrwürdigen Staub Carnuntums zu schimmeln. Er gehe freiwillig aus dem Leben und dieser Schritt sei um so wunderbarer, als er das Bewußtsein mit in das Grab nehme, seinem Advokaten mit den 20.000 Schilling durchzugehen, die er ihm für Rechtshilfe schulde.

Mit seinem angekündigten Selbstmord schien Ernst Winkler doch über ein hieb- und stichfestes Alibi zu verfügen. Die Polizei war in einer offensichtlichen Zwickmühle; sie suchte nach zwei Leichen, genauer gesagt nach den Leichen zweier Selbstmörder, die es möglicherweise gar nicht gab. Sie wusste Bescheid über die jeweiligen Tatorte, hatte aber über die Täter und den Tathergang überhaupt kein Material in ihren polizeilichen Händen. An dieser Stelle sei erwähnt: Der 12. September 1926 wurde in Wien groß gefeiert, mit Paraden, Ansprachen und einem Fest am Kahlenberg. Schließlich hatte vor genau 243 Jahren – am 12. September 1683 – das Entsatzheer die türkischen Belagerer der Kaiserstadt in die Flucht geschlagen.

Die Lösung des Falls ließ nicht allzu lange auf sich warten. Die *Kronen-Zeitung* vom 17. September 1926 hatte für ihre Leserinnen und Leser die Erklärung parat:

In der „Kronen-Zeitung" wurde damals sofort darauf hingewiesen, daß hier offenbar eine Irreführung vorliege. Diese Vermutung hat auch ihre Bestätigung gefunden. Der Verfasser des Briefes denkt nicht daran, seinem Leben ein Ende zu machen. Er wurde in Vösendorf, wo er unter dem falschen Namen „Ernst Berger" wohnte, ermittelt und wird sich – was für ihn übrigens keine Neuheit darstellt – vor Gericht zu verantworten haben. Der „Selbstmörder Donnersmarck" ist nämlich jener Ernst Winkler, der die Polizei auch mit einer anderen Selbstmord-Komödie belästigt und irregeführt hat.

Und der hatte wieder die Lacher auf seiner Seite, da es ihm durch einen souverän eingefädelten Coup mit einem verwickelten Doppelselbstmord gelungen war, die Behörden zum wiederholten Male in die Irre zu führen.

Die nächste Aktion in meiner Aufzählung folgt einer komplett anderen Dramaturgie. Beim Brand des Justizpalastes am 15. Juli 1927 erteilte der Wiener Polizeipräsident Johann Schober Schießbefehl. Als der Platz um den Justizpalast geräumt war, zählte man 89 tote Demonstranten. Die Empörung über den Polizeieinsatz war groß im linken Lager. Zwei Monate später – am 17. September 1927 – ließ der Publizist und Herausgeber der *Fackel*, Karl Kraus, an den Wiener Litfaßsäulen folgende Plakate affichieren:

An den Polizeipräsidenten von Wien Johann Schober.
Ich fordere Sie auf, abzutreten.
Karl Kraus
Herausgeber der Fackel.

Ernst Winkler um 1930,
der die Behörden nicht nur einmal in
die Irre führte. Der „Goldfüllfederkönig"
hier mit grotesker Insignie.

Die Replik des Goldfüllfederkönigs auf die Agitation des Publizisten Karl Kraus, dessen Rücktrittsaufforderungen an den Polizeipräsidenten auf den Wiener Litfaßsäulen prangten. Johann Schober hatte zuvor beim Justizpalastbrand am 15. Juli 1927 auf Demonstranten schießen lassen.

Nun reagierte Ernst Winkler schnell und zielstrebig. Ein paar Tage später konnten die Wiener auf den Litfaßsäulen und in den Auslagen des Füllfedergeschäftes am Kohlmarkt Plakate folgenden Inhalts lesen.

An den Polizeipräsidenten von Wien Johann Schober.
Ich fordere Sie auf, nicht abzudanken.
Gegeben zu Wien, am 22. September 1927
Goldfüllfederkönig E. W.

Über die Gründe für Winklers Solidarisierung mit dem Wiener Polizeipräsidenten wurde viel gerätselt. Zum einen könnte ihn sein übersteigerter Geltungswahn dazu verleitet haben, mit dem publizistischen Herold der damaligen Zeit, Karl Kraus, eine politische Fehde auszutragen. Zum anderen gab es für Ernst Winkler auch sachliche und pragmatische Gründe, die ihn möglicherweise zu dieser Plakatierungsaktion motivierten. Der Füllfederhändler war nicht nur der Urheber halblustiger „Mystifikationen", er hatte bereits des Öfteren die geltenden Gesetze gebrochen und war mehrmals zu Geld- oder Arreststrafen verurteilt worden. Die Strafen fielen dabei jedes Mal so mickrig und so dürftig aus, dass gemunkelt wurde, Herr Ernst Winkler müsse von einer Kontaktperson an oberster Stelle gedeckt worden sein. Doch nicht vom Polizeipräsidenten selbst?

So konnte man nach einer Hausdurchsuchung bei besagtem Füllfederfachmann eine Pistole samt Munition sicherstellen. Ernst Winkler wurde wegen illegalen Waffenbesitzes verurteilt. Das war noch das Geringste seiner Vergehen. Oft gab es Unklarheiten über die Einkäufe seiner Füllfedern. Nicht selten soll er seine Artikel aus illegalen, sprich, gestohlenen Beständen erworben haben, was dem Verdikt der Hehlerei entspricht.

Es wurde noch ärger. Am Morgen des 1. Jänner 1933 platzierte er auf den Stufen der Wiener Postsparkassa eine „Bombe“ oder eine „Höllenmaschine“. Sie tickte – und führte zu einem Großeinsatz der Wiener Polizei. Deren Bombenspezialisten entdeckten ein Packerl mit einem tickenden Wecker und einem Juxartikel, einem sich hin- und herbewegenden Zeigefinger. Auf dem Zeigefinger klebte ein Zettel mit folgendem Text: „Prosit 1933, der Goldfüllfederkönig“. Ernst Winkler wurde wegen dieser Bombendrohung schlussendlich „nur“ zu zwei Wochen Arrest verurteilt.

Mit seinem Hausbesitzer lebte er in ständigem Streit, der sich in zahlreichen Drohungen und Zivilklagen entlud. Sein Hausherr war nicht unbekannt. Es handelte sich um den älteren Bruder des Philosophen Ludwig Wittgensteins, den Pianisten Paul Wittgenstein (1887–1961). Der schon in jungen Jahren gefeierte Pianist war aus dem Ersten Weltkrieg mit nur einem Arm zurückgekehrt und sollte in den Zwanziger- und Dreißigerjahren als der einarmige Pianist Furore machen. Dabei zerstritt er sich mit verschiedenen Komponisten, die für ihn Auftragsarbeiten anfertigten.

Die Bombenspezialisten der Polizei entdeckten ein Packerl mit einem tickenden Wecker und einem Juxartikel, einem sich hin- und herbewegenden Zeigefinger.

Erst war ich stutzig, ich konnte es nicht glauben: der einarmige Pianist und das stattliche Haus am Kohlmarkt, zwischen dem Graben und der Hofburg – wie sollte Paul Wittgenstein das schaffen?

Und ich suchte nach Quellen. Bis ich an unerwarteter Stelle eindeutige Belege fand. Im Jahre 1939 musste der von den

Nazis zur Flucht gedrängte Paul Wittgenstein bei der „Reichsfluchtstelle“ sein Vermögen deklarieren. Es wurde mit 4,6 Millionen Reichsmark geschätzt. Unter den angeführten Vermögenswerten befand sich auch das Haus am Kohlmarkt Nummer 5. – Alle Zweifel ausgeräumt.

Jetzt zurück zu den seltsamen Aktionen des Goldfüllfederkönigs. Im Jahr 1931 wollte er bei der Wahl zum österreichischen Bundespräsidenten kandidieren. Sein Programm war wie mit einer goldenen Feder geschrieben: Den Monarchisten versprach er einen König, nämlich sich selbst, den Goldfüllfederkönig. Den Sozialisten versprach er die Verwirklichung des „Linzer Programmes“ – und somit die Durchsetzung radikaler und antikapitalistischer Forderungen; den Bauern versprach er hohe Notstandshilfen und den Knechten die Konfiszierung des Grundbesitzes ihrer Dienstgeber. Es ist heute schwierig einzuschätzen, ob Ernst Winkler mit diesem populistischen Schmähprogramm die Wählerinnen und Wähler von 1931 hätte für sich begeistern können. Die Regierung befürchtete jedoch – ob zu Recht oder zu Unrecht sei dahingestellt –, dass bei einer Volkswahl des Bundespräsidenten ein Radikalinski mit populistischen Sprüchen siegen könnte. Aufgrund der allgemeinen politisch instabilen Lage wurde mit dem Bundesgesetz vom 8. Oktober 1931 beschlossen, die Bundespräsidentenwahl von der Bundesversammlung und nicht vom Volk durchführen zu lassen. Und man drückte aufs Tempo. Die Bundesversammlung wurde für den Folgetag, den 9. Oktober, einberufen und Wilhelm Miklas (1872–1956) zum Bundespräsidenten gewählt.

Und unser – vorbestrafter – Goldfüllfederkönig? Der behauptete, dass er bei einer Volkswahl mit Sicherheit den Sieg errungen hätte und österreichischer Bundespräsident geworden wäre. Die *Neue Freie Presse* vom 13. Oktober 1931 berichtete über seine in diesem Fall geplanten präsidialen Tätigkeiten:

Mein erster Staatsakt als Bundespräsident wäre die Begnadigung des Bundespräsidenten gewesen. Ich hätte die gegen den Goldfüllfederkönig ... gefällten Urteile aufgehoben.

Nun, man könnte Ernst Winkler als Pausenclown der Innenpolitik betrachten, dem es stets Vergnügen bereitete, die Behörden oder auch ungeliebte Zeitgenossen zu foppen und in die Irre zu leiten. Dieses Bild muss jedoch ergänzt, verschärft, konturiert werden.

Dazu noch ein kleines Seitenthema, das jedoch tiefe Einblicke in die Persönlichkeitsstruktur dieses Menschen zulässt. Was hat der Winkler unter Hitler gemacht? Eigentlich nichts, er fiel weder als Unterstützer der Nazis noch als deren deklarierter Gegner auf. Allerdings wurde er im Jänner 1945 zu sechs Jahren Zuchthaus verurteilt – wegen Verstößen gegen das Devisen- und Zollgesetz. Am 6. April 1945, während der Schlacht um Wien, wurde er aus dem Gefängnis befreit und behauptete später, im Widerstand gearbeitet zu haben. Er forderte seine von den Nazis beschlagnahmten Waren zurück, konnte aber die Justiz der Nachkriegszeit nicht überzeugen. Trotz langwieriger Versuche gelang es Ernst Winkler nicht, die Rückerstattung seiner ehemaligen Lagerbestände zu erreichen.

Es sollte aber schlimmer kommen. Ernst Winkler wurde als Kinderschänder verurteilt. Im Oktober 1947 war sich das Gericht einig, dass er mehrere Mädchen aus der Leopoldstadt im Alter von elf bis dreizehn Jahren mit Obst und Naschereien in sein Geschäft gelockt und dort missbraucht hatte. Zu diesen Missbrauchshandlungen hatte er seinen Freund, den 66-jährigen ehemaligen Major Franz Nikolaus Nemé, eingeladen, den Opfern wurden zehn bis zwanzig Schilling, Füllfedern und Obst gegeben. Ein Schöffensenat verurteilte Winkler zu 15 Monaten schweren Kerkers, sein Freund wurde mangels eines strafbaren Tatbestands freigesprochen. Der treffende Kommentar der Zeitung *Neues Österreich*: „Alles in allem: ein trübseliges Kapitel in der Geschichte eines Originals, das einmal ganz Wien zum Lachen brachte."

1952 erfolgte die nächste Verurteilung. Diesmal wurde ihm der Missbrauch von zehn Mädchen nachgewiesen. Das Strafmaß lautete fünf Jahre Kerker, verschärft durch ein hartes Lager vierteljährig. Die Haftstrafe verbüßte der ehemalige König der Füllfedern in Stein.

Nach seiner Haftentlassung lebte er mit seiner Lebensgefährtin Maria Schrutz von einer bescheidenen Sozialrente im Haus Kohlmarkt 11, das auch als „Großes Michaelerhaus" bezeichnet wird, an der Einmündung des Kohlmarktes zum Michaelerplatz. Mit ihm wohnten in diesem Haus die Volksschauspielerin Elfriede Ott (1925–2019) sowie ihr Lebensgefährte und späterer Ehemann, der Publizist Hans Weigel (1908–1991). Ernst Winkler versuchte diese Konstellation für sich zu nützen. Er bat Hans Weigel regelmäßig um Geld, auf gut Wienerisch: Er schnorrte ihn an. Und Weigel dürfte diese Anschnorrungen auch im Sinne Winklers geregelt haben. Bekannt sind jedenfalls Briefe des ehemaligen Goldfüllfederkönigs, in denen er sich bei dem Schriftsteller für die Unterstützung bedankt und ihm versichert, dass er Millionär werde und dann die Zuwendungen locker retournieren könne.

Natürlich kam alles anders. Und das Ende mache ich jetzt schnell. Ernst Winkler erkrankte an Magenkrebs und starb mit 88 Jahren am 21. Juni 1974 im damaligen Lainzer Krankenhaus.

XXX

GESUCHT:

IMRE BÉKESSY

GEBOREN: *1887*

BERUF: *Journalist und Zeitungsverleger*

GESUCHT WEGEN: *Skrupellose Methoden*

SCHUFT ODER NICHT SCHUFT, DAS IST DIE FRAGE

Bekannt war die Gepflogenheit von Karl Kraus, seine zahlreichen Vorträge in den Jahren 1925 und 1926 mit dem locker hingeworfenen, jedoch ernst gemeinten Wort „Hinaus mit dem Schuft aus Wien!" abzuschließen. Damit stellte sich Karl Kraus in die altrömische Tradition von Cato dem Älteren, der jede seiner Senatsreden mit dem berühmten *Ceterum censeo Carthaginem esse delendam,* „Im Übrigen bin ich der Meinung, dass Karthago zerstört werden muss", beendete.

Aus der Sicht von Karl Kraus war Imre Békessy dieser Schuft. Und wer war Imre Békessy wirklich?

Er wurde am 13. Oktober 1887 in Budapest geboren. Sein Vater hieß ursprünglich Meyer Friedlieber, um seine jüdische Herkunft zu verschleiern, nannte er sich Antal Békesi, später Békessy. Im Jahre 1883 heiratete er eine Wiener Schneiderin mit dem bezeichnenden Namen Anna Österreicher. Vier Jahre später wurde unser Imre, zu Deutsch Emmerich, geboren, der durch die Herkunft seiner Eltern Ungarisch und Deutsch fließend beherrschte.

Durch den Bankrott seines Vaters im Jahre 1901 – er betrieb in Triest eine Schokoladenfabrik – musste sich unser Imre schon in jungen Jahren auf eigene Füße stellen und dabei allseits Gewandtheit und Geschicklichkeit zeigen. Mit 18 Jahren, also 1905, startete er seine Karriere beim *Pester Lloyd,* sein Onkel Maurus Mezei agierte dort als Chefredakteur. Er wurde bald wieder entlassen, weil sich eine seiner Reportagen als Plagiat erwiesen hatte. So wechselte er zur zweiten deutschen Zeitung, die hieß *Neues Pester Journal.* Hier passierte ihm kein Plagiat, sondern eher das Gegenteil. Er gab vor, ein Interview mit einem indischen Maharadscha geführt zu haben, der angeblich zu Besuch in der ungarischen Hauptstadt war. Der indische Fürst war aber nie in Budapest gewesen und Imre Békessy verlor wieder seinen Job.

Doch es gibt auch Erfreuliches zu berichten. 1910 heiratete er die ungarische Lehrerin Bianca Marton nach jüdischem Ritus – die offenbar glückliche Verbindung mit Bianca sollte bis zum gemeinsamen Selbstmord im Jahr 1951 halten. Bald nach der Hochzeit konvertierten beide zum Christentum. Und am 12. Februar 1911 wurde ihr Sohn János geboren. Auf diesen János werde ich in weiterer Folge zurückkommen, in diesem Buch taucht er als Hans Habe in mehreren Kapiteln auf.

Den Ersten Weltkrieg verbrachte Imre in der Etappe in Budapest, die nächsten Vorwürfe tauchten auch, sie führten auch zu Anklagen. Es ging um Verleumdung, Wucher und Erpressung. Warum? Békessy hatte in Budapest eine Handelsgesellschaft gegründet, und seine zahlreichen Gegner bezichtigten ihn der Preistreiberei und der Warenanhäufung in Kriegszeiten.

Der Krieg endete bekanntlich 1918, und in den Nachkriegswirren etablierte der Sozialrevolutionär Béla Kun (1886–1938) in Ungarn die Räterepublik. Imre Békessy stellte sich hinter die Proponenten der von vielen verteufelten bolschewistischen Regierung. Nutzte er auf geschickte Weise die Gunst des Augenblicks? Oder glaubte er, auf diese Weise seiner Verurteilung zu entkommen? Die ebenfalls jüdische Herkunft Béla Kuns dürfte keine große Rolle gespielt haben. Jedenfalls leitete Békessy die Presseabteilung im Volkskommissariat für Unterricht der ungarischen Räterepublik.

Vielleicht hat er sich schlicht und einfach kaufmännisch verkalkuliert. Béla Kun und seine Regierung wurden am 1. August 1919 gestürzt, Kun flüchtete nach Wien. Auch Imre Békessy setzte sich schleunigst nach Wien ab – um der einsetzenden grausamen Rache der Truppen von Miklós Horthy zu entkommen? Oder um seiner Verurteilung in Budapest zu entgehen?

In Wien wurde die Ankunft Béla Kuns von den Sozialdemokraten – etwa von Karl Seitz – begrüßt, während streng Konservative wie der kurzfristige Bundeskanzler und langwährende Polizeipräsident Johann Schober vor ihm warnten.

Unser Imre oder Emmerich Békessy warf sich gleich ins Wiener Getümmel. Im November 1920 gründete er die Wochenzeitung *Die Börse*. Mit der inhaltlichen Ausrichtung dieser Gazette schuf er einen neuen Zeitungstypus: eine Wirtschaftszeitung, die aber auch von jenen der wirtschaftlichen Prozesse nicht Kundigen verstanden und gelesen werden sollte, kurz: den Arbeitern. Zudem konnte und wollte Imre Békessy durch die Art der Berichterstattung die Börsenkurse beeinflussen. Unbekannt ist, ob Békessy selbst an der publizistischen Steuerung der Börsenkurse profitierte.

Klar ist jedoch, dass sein publizistisches Wirken stets eine heikle Gratwanderung darstellte. Richtete man einzig und allein nach moralischen Kriterien, würde man die Handlungen des baldigen Leiters eines verschlungenen Wiener Zeitungsimperiums als verwerflich empfinden, als anstößig und prinzipienlos. Stehen inhaltliche Argumente im Vordergrund, könnten ihm unbefangene Leser mit Wohlwollen begegnen. Geht es wiederum um die persönlichen Intentionen von Imre Békessy, so wird der neutrale Beobachter in seiner Einschätzung dieser widersprüchlichen und oft in schillernden Facetten erscheinenden Figur der Wiener Zeitungsgeschichte ins Schwanken kommen. Sein Sohn Hans Habe schrieb in dieser Frage über seinen dynamischen bis ungeduldigen Vater, dass dieser „kein gewissenloser Mensch“ war, denn wäre er es gewesen, „hätte er unter seinen Handlungen nicht so namenlos gelitten“.

Am 2. März 1923 erschien zum ersten Mal seine Tageszeitung *Die Stunde*. Von Gönnern wird ihre Richtung als linksliberal bezeichnet, von Gegnern als boulevardesk. Also war *Die Stunde* eine linksliberale Boulevardzeitung. Schon in der Gestaltung unterschied sie sich von den bisherigen Zeitungen: keine „Bleiwüsten“, also keine langen Texte, die über mehrere Spalten reichten, sondern kurze Texte, Zwischentitel, prägnante Schlagzeilen und viele Fotos. Als Chefredakteur holte sich Imre Békessy den damals bekannten Journalisten Karl Tschuppik (1876–1937), der als Demokrat gefestigt war in einer Ära, in der die Antidemokraten schon in ihren Startlöchern hockten. Der in Mělník geborene, lange in Prag wirkende und daher zweisprachige Karl Tschuppik war nicht nur lupenreiner Antifaschist, er trat auch als Gegner des christlichen Ständestaates auf. Befreundet mit Anton Kuh, über deren gemeinsame Wirtshausbesuche und Saufgelage viele Anekdoten erzählt werden, sowie mit Josef Roth gehörte er zu den Spitzenjournalisten in der damaligen Bundeshauptstadt. Leider sind seine publizistischen Texte sowie seine literarischen Werke in der Zwischenzeit in Vergessenheit geraten. Friedrich Torberg schrieb über Karl Tschuppik, der tatsächlich im Hotel „Bristol“ logierte, in seiner Anekdotensammlung *Die Tante Jolesch:*

Bald nach dem Beginn seiner Tätigkeit bei dem Wiener Boulevardblatt ‚Die Stunde‘ geriet Tschuppik in einen persönlichen Konflikt mit dem damaligen Polizeipräsidenten Johann Schober … Tschuppik steuerte seinem Domizil im alten Hotel Bristol zu und überquerte unsicheren Schritts die Opernkreuzung, als ihm der dort postierte Verkehrspolizist, den er offen für einen feindlichen Sendboten Schobers hielt, mißfällig ins Auge stach. Ein wenig schwankend pflanzte er sich vor ihm auf und apostrophierte ihn wie folgt: ‚Gehen Sie zu Ihrem Präsidenten … und richten Sie ihm aus … der Tschuppik läßt ihm sagen … er soll ihn im Arsch lecken … Der Schober soll den Tschuppik im Arsch lecken … Haben Sie verstanden?‘ … Wenige Tage später erhielt Tschuppik eine geharnischte Vorladung auf das zuständige Polizeikommissariat … Tschuppik … entschuldigte sich gesenkten Hauptes und wurde nach einigem Hin und Her mit der dringlichen Ermahnung, daß so etwas nie wieder vorkommen möge, entlassen. Von diesem Tag an pflegten die Polizisten im Rayon Opernkreuzung – unter denen sich der Vorfall natürlich herumgesprochen hatte – stramm zu salutieren, wenn sie Tschuppik herankommen sahen. Ein Mann, der dem Polizeipräsidenten das Arschlecken schaffen durfte, ohne daß ihm etwas geschah, hatte Anspruch auf höchsten Respekt.

Zu seinen prominenten Mitarbeitern zählten etwa Anton Kuh, Berthold Viertel, dann ein junger Jude aus Galizien namens Billie, später Billy Wilder, sowie der legendäre Fotograf Lothar Rübelt.

Zurück zu Imre Békessy. Das Zeitungsimperium wurde komplett, als er im November 1924 die Wochenzeitung *Die Bühne* gründete. Zu seinen prominenten Mitarbeitern zählten etwa Anton Kuh, Berthold Viertel, dann ein junger Jude aus Galizien namens Billie, später Billy Wilder, sowie der legendäre Fotograf Lothar Rübelt. Als Beispiel für den Stil der *Bühne* möchte ich einen Text zitieren, den Berthold Viertel am 23. Oktober 1925 über seinen Kollegen Anton Kuh schrieb:

So ein Vortrag Kuhs ist keine Kathederarbeit, keine Rede wie Ja und Nein, sondern allerpersönlichste Redekunst, Auswirken einer artistischen Eigenart. Sein Sprechertum braucht, wie die Schauspielerei, den Spiegel und das Echo, weil die Einzigkeit und Einmaligkeit des schöpferischen Ereignisses den Augenblick überdauern will und soll … Wichtiger als das Thema scheint mir für Anton Kuh das Publikum zu sein, die dunkle, dumpfe, elektrizitätsschwangere Wolke, aus der er seine Geistesblitze zieht. Es ist ein Unterschied, ob jemand Geist hat oder ob er Geist produziert. Anton Kuh hat zweifellos Geist wie nur wenige – aber wenn das stumme Publikum da drunten ihn reizt, produziert er Geist.

Es ist ein Jammer, ich verliere mich bei der Lektüre der *Bühne,* statt die zentrale Figur in den Mittelpunkt zu rücken. Imre Békessys Zeitungsimperium stand nicht nur durch die gedruckten Beiträge unter genauer Kontrolle. Nein, es wurde der Vorwurf des Revolverjournalismus erhoben. Und damit meinte man nicht eine Art der Textauswahl, die auf Schießereien und Auseinandersetzungen im Ganovenmilieu spezialisiert war.

Also Revolverjournalismus. Der Akquisiteur, heute würde man ihn auf gut Wienerisch als Keiler bezeichnen, besucht mit den Druckfahnen das Geschäft des Herrn X. Oder das Nachtlokal des Herrn Y. Oder die Produktionsstätte des Herrn Z. Im vorgelegten Text wird die Tätigkeit der jeweiligen Herren verrissen, denunziert, als vollkommen ungeeignet bezeichnet. Nun können die jeweiligen Herren entweder steuerschonend bar zahlen. Oder eine fette Anzeige in der Zeitung des Herrn Békessy schalten. Oder sie werfen den feinen Akquisiteur aus dem Lokal. Dann erscheint der sie vernichtende Text am nächsten Tag in der Zeitung.

Die nächsten Prozesse ließen nicht auf sich warten. Am 18. und 19. Jänner 1924 erfolgte im Wiener Landesgericht eine Verhandlung. Prozessgegner waren Proponenten der Zeitschrift *Österreichischer Volkswirt.* Diese hatten behauptet, Imre Békessy sei ein käuflicher Journalist, der Bezahlung fordere und für die Verbreitung von redaktionellen Nachrichten und Artikeln Geld nehme. Békessy bezeichnete sie daraufhin in der *Stunde* als „ehrlose und niederträchtige Schurken" und der *Österreichische Volkswirt* klagte ihn wegen Ehrenbeleidigung.

Beim Prozess äußerste sich Herr Emmerich Békessy mit einem ihn ziemlich gut charakterisierenden und zuletzt auch ein bisschen widersprüchlichen Satz. Ich zitiere *Die Stunde* vom 20. Jänner 1924:

Die Zeitung ist ... keine moralische Institution ... Ich bin der Ansicht, dass Bankdirektoren und Banken keine Heiligen sind, ich bin der Meinung, dass diese Institutionen kritisiert werden können mit allen Mitteln. Ich bin auch der Meinung, dass eine Zeitung ein Geschäft ist, das auf der einen Seite mit reinen, auf der anderen Seite mit unreinen Händen geführt wird.

Stimmt genau, Herr Békessy. Die Zeitung ist keine moralische Institution. Was aber dann? Im Übrigen endete dieser Prozess mit einer kleinen Überraschung. Jede Partei nahm ihre Anschuldigungen zurück. Und unser Emmerich Békessy wurde im Namen der Republik vom Vorwurf der Ehrenbeleidigung freigesprochen. Das Geschäft konnte für ihn – vorerst noch – ungebremst weitergehen.

Bislang habe ich vergessen, auf seine recht potenten Financiers hinzuweisen. Da war einmal der Börsenspekulant Camillo Castiglioni, Kulturmäzen und Profithai, jüdischer Faschistenfreund und Tizian-Sammler; und mit ihm der „Trillionär" Sigmund Bosel, der zweite große Börsenspekulant und kurze Zeit der reichste Mann Österreichs. Gemeinsam finanzierten Castiglioni und Bosel den Kronos Verlag, in dem das Imperium Békessys eingebettet war. Aufgrund seiner jüdischen Herkunft war auch Bosel das Ziel heftiger antisemitischer Angriffe.

Doch bald sollte die beinahe einzementierte Stellung des Medien-Zars Békessy ins Wackeln geraten – der Zar gerät ins Straucheln, wird er am Ende gar stürzen? Dafür gab es mehrere Ursachen.

Die Stunde

WIEN 2. III. 1923 FREITAG

Nr. 1.

PREIS 600 KRONEN

1923.

Ich bin nur der Stagl...

Die Anleihe in London doppelt überzeichnet

Die Ausbezahlung der Anleihe erfolgt in den nächsten Tagen

Ein ständiger Finanzdelegierter

Die italienischen Kreditvorschüsse flüssig gemacht

Die schwedische Beteiligung

Sir Henry Strakosch über die Anleihe

Eisenbahnunglück im Ruhrgebiet

Mackensen in Moskau?

Was gibt's Neues an der Börse?

ORENDI
WIEN I.
ROTENTURMSTR. 20
GROSSTES TEPPICH-LAGER
EIGENE TEPPICH- UND GOBELIN-MANUFAKTUR

Erstausgabe der Tageszeitung *Die Stunde* am 2. März 1923, für deren Chefredaktion Békessy den antifaschistischen Journalisten Karl Tschuppik engagierte.

Einerseits stellte Békessys Intimfeind Karl Kraus seine Angriffe nicht ein. Im Gegenteil, er entwickelte fast einen sportlichen Ehrgeiz, Herrn Békessy in seinen zahlreichen und vielbesuchten Vorträgen als „Schuft“ zu bezeichnen und ihn stets aus Wien vertreiben zu wollen. Die Ursache für dieses wiederholte und mit Verbissenheit vorgetragene Begehren ist nicht ganz geklärt. Wollte er eine Klage Békessys provozieren? Wenn, dann erfolglos. Oder wollte er tatsächlich seinen Lieblingsfeind loswerden?

Ich möchte vorwegnehmen: Der „Schuft“ musste tatsächlich Wien verlassen. Und zwar am 10. Juni 1926. Jedoch nicht wegen der pathetischen Aufforderung des Fackel-Herausgebers. Es passierten schwerwiegendere Dinge: Die besten Mitarbeiter Békessys wechselten sozusagen die Seite. Sein Chefredakteur Karl Tschuppik kündigte, nachdem er die von vielen Seiten erhobenen Vorwürfe gegen den Eigentümer als plausibel eingeschätzt hatte und von solch einem unmoralischen Kerl, oder soll ich gar den Ausdruck „Schurken“ verwenden, nicht mehr kommandiert werden wollte.

Der „Schuft“ musste tatsächlich Wien verlassen. Und zwar am 10. Juni 1926.

Einer seiner fähigsten Redakteure, ein gewisser Ernst Spitz (1902–1940), war der nächste. Erst wurde er von Békessy entlassen, weil er als ehemaliger Kommunist gegen dessen Methoden aufbegehrte. Nach der Entlassung folgte die Revanche und Ernst Spitz schrieb zwei Broschüren mit dem Titel „Békessy's Revolver“. Später, im Widerstand gegen die Nazis, arbeitete er mit dem Schauspieler Leon Askin und dem Kabarettautor Jura Soyfer im Wiener Kabarett ABC zusammen. Ernst Spitz wurde von den Nazis ins KZ Buchenwald gebracht und im Jahre 1940 „auf der Flucht erschossen“, also ermordet.

Zu allem Überdruss brach auch noch das von den beiden Börsengurus Castiglioni und Bosel gesteuerte Finanzimperium zusammen. Eine Klärung der komplexen Umstände dieses Zusammenbruchs würde den Rahmen meines Textes sprengen. Emmerich Békessy beschloss erst einmal, am 10. Juli 1926 zusammen mit seiner Frau nach Chamonix auf Kur zu fahren und dort ein bisschen durchzuatmen. Als er ein paar Tage nach seiner Abreise die Nachricht vernahm, dass in Wien sein Anzeigenleiter Ernst Ely verhaftet worden war, kam eine Rückkehr nach Wien nicht mehr in Betracht, da er dort mit Recht eine Inhaftierung befürchtete. Unser Emmerich oder Imre Békessy sollte – zumindest offiziell – nie wieder Wiener Boden betreten. Und Karl Kraus hatte recht behalten, der „Schuft“ war vertrieben. Im Jahr 1945 schrieb darüber die nach dem Zweiten Weltkrieg neu gegründete Zeitschrift *Die Bühne* im Heft 9:

Was Karl Kraus mit der Elimination des Imre Békessy vom öffentlichen Leben Österreichs gelungen war, im einsamsten Kampf, der sich denken läßt, war eine sittliche Tat ersten Ranges gewesen, die eine wesentliche Lüftung und Reinigung der öffentlichen Atmosphäre zur Folge hatte und deren Motive in einem echten und lauteren Patriotismus zu finden sind. Die Mittel, deren er sich dazu bedient hatte, waren die individuellsten seines vermögenden und weitreichenden kritischen Talents.

„Doch in Wahrheit habe ich mich in keiner Periode meines Lebens so sehr als Künstler gefühlt, so frei und nur bedingt von der Fülle des Anlasses, wie in der Befassung mit einer Menschenjauche, von der man wohl meinen möchte, sie wäre leichter mit dem Strafgesetz zu beseitigen als mit Kunstwerken, und von der ich mit dem lebendigsten Wunsch, daß es gelinge, mich im Geiste doch nicht trennen kann …“, schrieb er, als „der Schuft“ draußen war.

Dieser stand mit nicht einmal 40 Jahren schwankend auf den Trümmern seiner bisherigen Existenz. Laut Sohn Hans Habe soll er auch einen Selbstmordversuch verübt haben. Von nun an führte Imre Békessy ein unstetes Wanderleben, das ihn nie wieder an die vormalige Wiener Machtstellung heranführen sollte. Er übersiedelte nach Budapest, wo er verschiedene Zeitungen herausgab oder bei anderen Zeitungen als Mitarbeiter fungierte. Vor den ungarischen Pfeilkreuzlern, also den transleithanischen Faschisten, flüchtete er 1939 in die Schweiz und dann weiter nach Hollywood. 1947 kehrte er wieder nach Budapest zurück, zwei Jahre später, am 20. August 1949, wurde in Ungarn die Volksrepublik ausgerufen. Am 15. März 1951 beging er zusammen mit seiner Frau Bianca Selbstmord.

Zum Schluss möchte ich kurz über seinen Sohn János Békessy (1911–1977) berichten, der sich Hans Habe nannte, wobei er „Habe“ als Kurzform von Hans Békessy ersann. Sein Zerwürfnis mit seinem Vater ging über den üblichen Vater-Sohn-Konflikt hinaus. Klar, er wollte aus dem Schatten des übermächtigen Vaters treten, aber als bereits bekannter Reporter schrieb er im Jahre 1938 seinen Roman *Eine Zeit bricht zusammen* – sein Vater habe seit der frühen Jugend regelmäßig Morphium genommen, er sei als Simulant durch den Ersten Weltkrieg gerutscht, später habe er mehrere Selbstmordversuche verübt.

Seither rätseln die Forscher über den Békessy-Clan: Hat Hans Habe von seinem ungeliebten Vater doch zahlreiche prägende Eigenschaften übernommen? Schlussbemerkung: In den Siebzigerjahren positionierte er sich politisch als strammer und aufrechter Rechter. Dadurch avancierte er zum deklarierten Lieblingsfeind von Günther Grass, Heinrich Böll und ihren Mitstreitern.

XXX

GESUCHT:

HERMANN STEINSCHNEIDER

alias

ERIK JAN HANUSSEN

GEBOREN: ***1889***

BERUF: ***Hellseher***

GESUCHT WEGEN: ***Betrug***

DER HELLSEHER DES TEUFELS

Wer in einem Gefängnis das Licht der Welt erblickte: Ist diesem das weitere Leben auf weite Strecken vorgezeichnet? Oder spielt der Ort der Geburt keine gravierende Rolle?

Am 2. Juni 1889 kam Hermann Chajm Steinschneider in einem Gefängnis zur Welt. In den sanitären Räumlichkeiten eines Frauengefängnisses. Nun, Sigmund Freud war bereits 29 Jahre früher, also 1860, mit seinen Eltern aus dem mährischen Příbor nach Wien übersiedelt. Man hätte ihn bereits um sein Urteil fragen können. Oder ich schaue nach bei Géza von Cziffra, dem bekannten österreichisch-ungarischen Regisseur. Der schrieb ein Buch über besagten Steinschneider.

Der Vater von Chajm, ein gewisser Siegfried Steinschneider, geboren in Proßnitz bei Olmütz, dem heutigen Prostějov, verdiente sich als Schauspieler, na ja, sagen wir als ein in der Provinz tingelnder Wanderdarsteller, mühsam seinen Unterhalt. Und dieser Provinztingler verliebte sich ausgerechnet in Julie Kohn, die Tochter des reichen in der Wiener Spiegelgasse residierenden Pelzhändlers Sami Kohn. Dieser wollte seine Tochter keineswegs einem Gelegenheitsarbeiter zur Frau geben, also flüchtete Julie aus dem Haus ihres Vaters, mit zwei Koffern, einem Ring und einer Halskette. Alternativvariante der Ereignisse: Siegfried entführte seine Julie aus dem Haus des frommen Juden Sami Kohn. Dieser, vollkommen indigniert über diesen barbarischen Akt, zeigte beide an, Siegfried und Julie. Nicht wegen Entführung, das ging nicht, Julie war schon längst volljährig. Also wegen Diebstahl des Ringes und der Halskette.

Das junge Paar tingelte jedoch irgendwo in Mähren und in Ungarn und sollte erst im Frühsommer 1889 in die Wiener Wohnung am Yppenplatz 8 zurückkehren. Es erfolgte die Hochzeit, doch kurz danach wurden beide verhaftet und in das Kreisgefängnis XVI eingeliefert. Wo dann am 2. Juni 1889 der kleine Chajm das düstere Licht der Welt erblickte.

Nach der Haftentlassung hatte Vater Steinschneider die Schauspielerei aufgegeben und einen lukrativeren Job aufgerissen: In Boskovice – 30 Kilometer nördlich von Brünn – übernahm er die Generalvertretung für die „Floridsdorfer Textil A.G". Nach seinem Hinausschmiss übersiedelte die Familie nach Wien in die Brunnengasse 16. Die stets kränkelnde Julie starb kurz darauf mit 35 Jahren, Vater Siegfried heiratete eine Witwe mit zwei Kindern und sollte zusammen mit Großvater Sami Kohn aus unserer Geschichte für immer verschwinden.

Unser Chajm oder Hermann oder Henschel trieb sich in den Kaffeehäusern des 2. Bezirkes herum, vor allem auf der mehrheitlich jüdisch besiedelten „Mazzesinsel". Hier trafen sich jobsuchende Ostjuden und Winkelagenten, Kleinkriminelle und Animierdamen, Wanderartisten und Inseratenkeiler. Stellung bezog unser junger Hermann jedoch im ebenfalls von jüdischen Kreisen besuchten Café Louvre in der Renngasse 1, an der Ecke zur Wipplingerstraße, also im zentralen ersten Bezirk. Dort besuchte er im wahrsten Sinn des Wortes die „Grundschule": Er lernte von den Artisten Fertigkeiten wie das Zerbeißen von Glas, das Zerreißen von Ketten, Entfesselungspraktiken, Feuerschlucken sowie Schwerterschlucken. Von den Schauspielern eignete er sich Tricks für Auftritte und Methoden des Deklamierens an. Dort, im Louvre, lernte er auch den Zauberkünstler Eugène de Rubini kennen. Als dieser erkrankte, soll er sogar als de Rubini aufgetreten sein. Seine zukünftigen erfolgreichen Wege sollte er jedoch nicht auf dem Terrain der Zauber- und Trickkünstler bestreiten.

Bei einer ominösen Zeitung namens *Der Blitz* wurde er im Jahre 1913 Anzeigenleiter, manchmal stellte er sich als Chefredakteur vor, um bei Kaffeehaus- und Nachtlokalbesitzern Geld einzufordern, er soll auch vor Drohungen nicht zurückgeschreckt haben. Also wurde er wegen Erpressung verhaftet und landete – diesmal selbst verschuldet – im Gefängnis.

Nach dem Fehlschlag mit der Zeitung, für die er unter dem Pseudonym „Faun“ gearbeitet hatte, verstärkte sich sein Interesse für Phänomene wie etwa Hypnose, Suggestion und Telepathie. Die klassischen „Zauberer“ mit ihren altbekannten Karten- und Hasentricks begann er zu bekämpfen, sowohl rhetorisch bei seinen vielen Auftritten als auch vor Gericht. Seine Bühnenauftritte in den Wiener Etablissements verliefen nach der Dramaturgie eines ausgeklügelten Showprogramms. Er konnte dem bald tobendem Publikum seine Verwandlung in einen Zustand der Trance vortäuschen: Sein Gesicht wurde grau, dann rot, seine Halsschlagader schwoll an, sein Körper zuckte, er schloss die Augen. Dann deklamierte er in simulierter Trance, die Hände zuckend und dann die Augen verdeckend. Wobei er Sachbestände „voraussah“, die er über Mittelsmänner bereits vorher erfahren hatte. Nach Beendigung dieses Trancezustandes öffnete er die Augen und schloss seine Vorstellung unter pathetischen Worten und irren Blicken mit einer gekonnten Zuwendung zum tosenden Publikum.

Sein Gesicht wurde grau, dann rot, seine Halsschlagader schwoll an, sein Körper zuckte, er schloss die Augen. Dann deklamierte er in simulierter Trance, die Hände zuckend und dann die Augen verdeckend.

Zum Gelingen seiner Aufführungen in den Wiener und bald auch in den ungarischen und tschechischen und deutschen Etablissements gehörte einmal ein gesunder Menschenverstand gemischt mit genauer Beobachtungsgabe – ich komme später noch darauf zurück. Und zweitens benötigte er einen Wissensvorsprung gegenüber dem Publikum, den er sich vorher halblegal oder auch illegal erworben hatte.

Zum besseren Verständnis ein Beispiel aus dem Jahre 1919. Den Ersten Weltkrieg möchte ich überspringen, er kämpfte mehr oder weniger erfolgreich als „Kriminaltelepath" und befehligte in einer Fantasieuniform 1917 eine „Wünschelruten-Kompagnie". Bekannt wurde er, als er seinen Mitkämpfern Details aus den Briefen bekanntgab, die sie erst später bekommen sollten – unser Hermann hatte die Armeepoststelle vorher bestochen und Einsicht in die Briefe erhalten, soweit zum Thema „Wissensvorsprung".

Zurück zu dem großen Coup im Jahre 1919. Damals nannte er sich bereits Erik Jan Hanussen und bezog sich damit auf eine fiktive dänische Herkunft, da er ahnte, dass er als Hermann Steinschneider mit einer jüdisch-mährischen Abstammung kaum Karriere machen konnte.

In die Österreichisch-Ungarische Staatsbank, der Vorläuferin der Notenbank, war eingebrochen worden, die frisch gedruckten Tausendkronenscheine waren allesamt verschwunden, angeblich belief sich der Gesamtschaden auf zwei Millionen Kronen.

Hermann Steinschneider – oder sollen wir ihn schon Hanussen nennen? – hatte durch seine Kontakte mit der Unterwelt erfahren, dass die Kiste mit den Tausendern noch im Tunnelsystem der Bank versteckt lag, und wusste sogar Bescheid über den Ort, an dem die Diebe ihre Beute zurückgelassen hatten.

Also lud Hanussen die Generaldirektion der Notenbank sowie die Journalisten der nationalen und der internationalen Presse zu einem „Termin". In der Notenbank ließ er sich die Skizzen mit dem Grundriss des Gebäudes zeigen. Sodann versetzte er sich in Trance. Dann erfolgte das Aufwachen. Und Hanussen zeigte mit den Fingern auf eine bestimmte Stelle der Skizze: Meine Herren, hier finden Sie das Geld. Sicherheitshalber malte er noch ein Kreuz auf den von ihm prophezeiten Fundort.

Da der Diebstahl nur mithilfe eines internen Mitarbeiters durchgeführt worden sein konnte, wollte Hanussen auch noch dieses schwarze Schaf im Gebäude der Notenbank eruieren. Er ließ sich alle Mitarbeiter einzeln vorführen, startete jedes Mal seine Trance-Vorstellungen, und beobachtete genau die Reaktion der ihm vorgeführten Mitarbeiter der Bank. Bis er bei einem offenbar ein nervöses Verhalten feststellte und sofort rief: Dieser ist es!

Doch Hanussen hatte – wie sich später herausstellte – den falschen erwischt. Das Geld wurde jedoch tatsächlich gefunden – an der von ihm angekreuzten Stelle im Tunnelsystem. Nun, die Direktion der Bank war zufrieden, sie hatte binnen kürzester Zeit ihre Tausender erhalten; Hanussen war glücklich, er kassierte einen geschmalzenen Finderlohn, und die Zeitungen waren froh, sie konnten seitenlang über den strahlenden Helden berichten, der die Sensation schaffte, via Trance das Versteck der gestohlenen Tausender zu eruieren. Nur die Wiener Polizei war skeptisch und sann hinter vorgehaltener Hand auf Rache. Erstens hatte dieser Hermann Steinschneider ihr die Arbeit abgenommen und zweitens ging in der allgemeinen Euphorie völlig unter, dass dieser Steinschneider bei der Feststellung des schwarzen Schafes innerhalb der Notenbank den Falschen angegeben hatte. Irgend etwas, so wurde in der Führungsriege der Polizei getuschelt, ging da nicht mit rechten Dingen zu.

Übrigens nahm Erik Jan Hanussen 1919 die tschechoslowakische Staatsbürgerschaft an. Formal war das kein Problem, sein Vater war nachweislich im mährischen Prostějov geboren, und die neu gegründete Tschechoslowakei bemühte sich mit großem Erfolg, die in Wien lebenden Tschechen zu repatriieren. Um die Gründe zu eruieren, warum unser Wiener Hellseher tatsächlich zum tschechoslowakischen Staatsbürger mutierte, nun, da müsste man wahrscheinlich ein Hellseher sein.

Aber noch trat er oft in Wien auf. Seine Fangemeinde wuchs stetig, er wurde als neuer Star am Himmel der Wiener Illusionskunst vergöttert. Aber auch die Schar seiner Gegner formierte sich und wartete auf den geeigneten Zeitpunkt. Und vergessen wir nicht, auch die Polizei hatte noch eine Rechnung offen.

Im Winter 1922/1923 trat Erik Jan Hanussen im Wiener Apollotheater auf. Als Aufputz für seine Auftritte hatte er ein bildhübsches Medium gefunden. Auf den Plakaten des Apollotheaters konnten die Passanten – natürlich unterhalb des Namens des Meisters – lesen: „Martha Farra, die Königin ihres Willens“, oder „Martha Farra, die stärkste Frau der Welt“. Der Kunstname „Farra“ leitete sich von lateinisch *ferrum* (= Eisen) ab, in Wirklichkeit hieß die besagte Dame Martha Kohn und war eine 19-jährige Jüdin.

Seine Fangemeinde wuchs stetig, er wurde als neuer Star am Himmel der Wiener Illusionskunst vergöttert.

Zu den Auftritten: Nachdem der Meister im Lichtstrahl des Scheinwerfers sich und seine Kunst in salbungsvollen Worten gepriesen hatte, hypnotisierte er sein Medium, also Martha Farra. Nun startete sie ihr Wunderwerk. Sie zerriss Eisenketten, stemmte Steinblöcke, lagerte sich auf spitzen Nägeln und dergleichen mehr.

Der Erfolg der Hypnose wurde durch einen kleinen, aber behände durchgeführten Eingriff ermöglicht. In einer kurzen, durch absolute Finsternis gekennzeichneten Pause wurden von den Mitarbeitern des Meisters alle Requisiten ausgetauscht. Nachdem sie vorher vom Publikum auf Niet und Nagel überprüft worden waren.

Nun sollte sich der damals in Wien als „Eisenkönig" bekannte Sigmund Breitbart – er zerriss auf den Bühnen der Stadt tatsächlich Eisenketten – an seinem Intimfeind rächen. Besagter Breitbart verfügte tatsächlich über ungeheure Körperkräfte und war zur damaligen Zeit insbesondere in der jüdischen Bevölkerung Wiens eine sagenhafte Legende. Der „Eisenkönig" wurde auch als „moderner Samson" und als „König der Ostjuden" bezeichnet.

Zum Coup gegen seinen Intimfeind, den ebenfalls jüdischen Chajm Steinschneider: Seine Gehilfen sperrten die Mitarbeiter Hanussens nach Verabreichung von Unmengen von Alkohol in den Heizungskeller des Apollotheaters. Und als in der kurzen Pause auf der Bühne die Stahl- und Eisentrümmer ausgetauscht hätten werden sollen, wartete der Meister vergeblich und die Vorstellung ging völlig in die Hosen. Das sich gefrotzelt fühlende Publikum tobte und pfiff und erhielt schließlich das Eintrittsgeld zurück. Und Wien hatte – nach einer Pressekonferenz des Eisenkönigs Sigmund Breitbart – wieder seinen Skandal. Diesmal saß Hanussen selbst in der Tinte. Und auch die Wiener Polizei konnte eine alte Rechnung begleichen. Ich zitiere aus dem *Neuen Wiener Tagblatt* vom 6. Februar 1923:

Der Telepath Erik Jan Hanussen ist gestern auf Grund einer Verfügung der Wiener Polizeidirektion als lästiger Ausländer aus Österreich ausgewiesen worden ... Aus den Kreisen des Publikums wie auch von den amtlichen Inspektionsorganen bei öffentlichen Vorträgen und Vorführungen Hanussens sind in letzter Zeit zahlreiche Beschwerden über den angeblichen Telepathen bei der Polizeidirektion eingelaufen ... Diese Momente gaben der Behörde die

Veranlassung, mit der Abschaffung (sic!) Steinschneider-Hanussens aus Österreich vorzugehen.

Soweit die Wiener Zeit des großen Meisters. Seine Zeit in der Tschechoslowakei sollte viele Höhepunkte und Niederlagen bringen. Ein auch in Wien genau beobachteter Prozess gegen Hanussen fand im Dezember 1929 in Leitmeritz statt, dem heutigen Litoměřice, das sich in der Nähe von Terezín/Theresienstadt befindet. Die *Arbeiterzeitung* vom 17. Dezember 1929 berichtete seitenlang über die Plädoyers. An den Richtlinien der Argumentation des Meisters schienen die Vorwürfe der Staatsanwälte anzustoßen und hängen zu bleiben. Siehe folgender Dialog:

> *Vorsitzender: Schildern Sie nun, welche Fähigkeiten Sie eigentlich haben. –*
> *Angeklagter: Ich bin in Deutschland vereidigt als Sachverständiger für das, wofür ich hier angeklagt bin. Ich bin deutscher Sachverständiger als Psychographologe. –*
> *Vorsitzender: Das ist richtig. Wir haben hier ein Schreiben des Amtsgerichtes Kassel, das diese Eigenschaft bestätigt. Und was ist das Hellsehen? –*
> *Angeklagter: Wenn man das wüßte, brauchte man nicht zu Gericht sitzen. Ich kann nur sagen, dass ich eine Viertelstunde vor meiner Verhaftung gewußt habe, daß ich verhaftet werde. –*
> *Vorsitzender: Sie sprachen hier davon, daß Sie so eigenartige Zustände haben. Haben Sie diese Zustände immer zu Ihrer Verfügung? –*
> *Angeklagter: Man verfällt dabei in einen eigenartigen Zustand, in dem man sich von der Umwelt vollständig ausschaltet. –*
> *Sachverständiger Dr. Förster: Ich stimme Ihnen zu, daß Sie ganz besondere Fähigkeiten haben. Sie haben den Dieb in*

der Oesterreichisch-ungarischen Bank entdeckt, aber sagen Sie, woher wußten Sie, daß die verschwundenen Banknoten im Abzugrohr waren? –
Angeklagter: Dafür ist man eben der Hanussen.

Der sich über zwei Jahre erstreckende „Leitmeritzer Prozess“ endete mit einem Freispruch für Hanussen. Der übersiedelte nach Berlin, wo er durch eine von ihm herausgegebene Zeitung, der „BW“ *(Berliner Woche)*, durch Auftritte in Etablissements sowie durch Privatséancen binnen kürzester Zeit ungeheuer viel Geld verdiente. Er kooperierte mit den Nazis, denen er in seiner Zeitung eine großartige Zukunft prophezeite, und lud Nazigrößen wie den Berliner SA-Chef Karl Ernst oder den Berliner Polizeipräsidenten Wolf-Heinrich von Helldorff gönnerhaft in sein Luxusappartement am Kurfürstendamm. In der Berliner Lietzenburger Straße ließ er einen sagenhaften „Palast des Okkultismus“ einrichten, der futuristisch nur vom Feinsten möbliert war und über versteckte Abhörsysteme und allerhand Spielereien verfügte. So zelebrierte er seine Orakel an einem runden Glastisch sitzend, der „astrologischen Bar“.

Bei einer Séance am Abend des 26. Februars 1933 soll entweder er selbst oder sein damaliges Medium, die Schauspielerin Maria Paudler, den Brand des Reichstages vorausgesagt haben.

Kurz und wahrscheinlich schmerzfrei war das Ende des Hellsehers. Dafür gibt es drei Varianten.

Variante eins: Bei einer Séance am Abend des 26. Februars 1933 soll entweder er selbst oder sein damaliges Medium, die Schauspielerin Maria Paudler, den Brand des Reichstages vorausgesagt haben. In der folgenden Nacht brannte dieser tatsächlich ab. SA-Chef Karl Ernst war höchstwahrscheinlich bei der Planung des Brandes eingeweiht worden, möglicherweise gab er die Information an Hanussen weiter. Also musste ein gefährlicher Mitwisser beseitigt werden.

Variante zwei: Der Polizeichef und andere Nazi-Größen waren bei Hanussen hoch verschuldet. Mit seinem Tod waren sie über Nacht schuldenfrei.

Variante drei: Natürlich sickerte durch, dass der angebliche Däne Erik Jan Hanussen in Wirklichkeit der Wiener Jude Chaim Steinschneider war. Die Kumpanei mit einem Wiener Juden hätte die Karriere so mancher Nazis behindern können.

Naheliegend ist eine Verschmelzung der von mir erwähnten drei Varianten.

Was der Hellseher nicht voraussah: Am 23. März 1933 holten ihn SA-Männer aus seiner Wohnung und plünderten seinen Safe mit den dort versteckten Schuldscheinen. Sie brachten ihn in das SA-Gefängnis in der General-Pape-Straße, einem ehemaligen preußischen Kasernenbau, kündigten aber an, ihn freizulassen. In der Nacht fuhren sie mit ihm in einen Kiefernwald bei Zossen, einer Kleinstadt etwa 20 Kilometer südlich der Berliner Stadtgrenze. Dort ließen sie ihn laufen. Dem Laufenden schossen sie in den Rücken. Die Schüsse waren tödlich.

Die Leiche des Hellsehers wurde am 7. oder 8. April von einem Förster entdeckt. Erik Jan Hanussen wurde auf dem Stahnsdorfer Waldfriedhof bestattet. Ab und zu muss der Friedhofsverwalter Olaf Ihlefeldt ein paar Kerzenreste oder Medaillons vom Grab des Hellsehers entfernen.

XXX

Der Hypnotiseur Erik Jan Hanussen lernte sein Handwerk im zweiten Wiener Gemeindebezirk. Seinen größten Coup landete er 1919, als er den Ort einer zwei Millionen Kronen schweren Beute „ermittelte".

GESUCHT:

GUSTAV BAUER

GEBOREN: ***1891***

BERUF: ***Geschäftsreisender***

GESUCHT WEGEN: ***Mord***

DER UNGEKLÄRTE MORD IM LAINZER TIERGARTEN

Ein Mord im Lainzer Tiergarten wartet bis heute auf seine Klärung. Ein möglicher Täter schied durch Selbstmord für immer aus dem für ihn nicht mehr lebenswerten Leben.

Aber die ganze Geschichte jetzt von vorne. Ich zitiere die *Kronen-Zeitung* vom 8. Oktober 1930:

Am 17. Juli 1928 gegen vier Uhr nachmittags hörte man im Lainzer Tiergarten im Saulackenmais Schüsse, dann sah man unter einer Eiche Rauch aufsteigen. Man fand dort die zum Teil angebrannte Leiche einer Frau. Unweit der Leiche bemerkte man einen Mann mit dunklem Haar, der regungslos mit verschränkten Armen dort stand und sich, als man ihn bemerkte, schleunigst entfernte.

Wo liegt besagter Saulackenmais? Bitte gleich nach dem Eingang beim Lainzer Tor den rechten Weg nehmen, dann wieder nach rechts abbiegen und hinein in den Eichenwald in Richtung Lainzer Tor. Dort hörten in Wirklichkeit zwei Forstarbeiter am 17. Juli 1928 einige Schüsse, die sie jedoch einer allfälligen Jagd zuordneten. Als sie zusätzlich – trotz eines Gewitters – auf Rauchwolken aufmerksam wurden, näherten sie sich vorsichtig dem Ort im Saulackenmais. Und entdecken zu ihrer Überraschung eine verkohlte Frauenleiche, die zudem mehrere Schussverletzungen aufwies.

Der Bericht der *Kronen-Zeitung* stammte vom ersten Tag des Prozesses über den Tiergartenmord. Bis es so weit kommen konnte, sollten gerechnet vom Zeitpunkt der Tat mehr als zwei Jahre vergehen. Warum? – Die Tote konnte nicht identifiziert werden. Sie lag im damals öffentlich gar nicht zugänglichen Lainzer Tiergarten, die Ermittler fanden überhaupt nichts, weder Geld noch Schmuck noch Ausweise, das zur Klärung der Identität hätte beitragen können. Nur Trockenspiritusstäbe, die leeren Flaschen und die verbrannten Reste einer Zeitung. Selbstverständlich fand man auch keine weiteren Spuren, die zum Mörder hätten führen können.

Der Leiter des Erkennungsdienstes, Hofrat Wildner, tappte im Dunkeln, blickte in Rätsel, ahndete im Ungewissen. Er ließ das verkohlte Gebiss der Leiche rekonstruieren und ihr Gesicht wiederherstellen. Diese „Moulagen“ sowie die Fotos ihrer Kleidungsstücke wurden in allen Medien gezeigt. Ihr Gesicht wurde auf den Litfaßsäulen der Stadt affichiert, auch die Medien veröffentlichten die Moulagen und berichteten aufgeregt über den ominösen Fall. Was passierte? Nichts.

Allerdings leistete sich der Herr Hofrat Wildner auch zwei Fehleinschätzungen. Er bezeichnete das Alter der Toten mit 20 bis 30. Tatsächlich war die Dame im Saulackenmais in ihrem 43. Lebensjahr ermordet worden. Zudem hielt er sie eher für eine Ausländerin, möglicherweise für eine Italienerin, da sie die in Wien völlig unbekannten Schuhe der Mailänder Firma „Montana“ trug.

Und vielleicht wurden die rekonstruierten Bilder doch von einigen Herren erkannt. Die hüteten sich jedoch, die Polizei zu kontaktieren, da sie ihre außerehelichen Kontakte mit jener Dame lieber verschweigen wollten, die da am 17. Juli im

Der Leiter des Erkennungsdienstes, Hofrat Wildner, tappte im Dunkeln, blickte in Rätsel, ahndete im Ungewissen. Er ließ das verkohlte Gebiss der Leiche rekonstruieren und ihr Gesicht wiederherstellen.

Lainzer Tiergarten erschossen und anschließend verbrannt wurde.

Also: Obwohl der „Tiergartenmord“ zum Tages-, wenn nicht Wochen- oder Monatsgespräch in Wien avancierte, tappte der arme Hofrat Wildner im Dunkeln. Bis er eines Tages im Licht des Behandlungsraumes seines Zahnarztes Dr. Reisberg von diesem mysteriösen Fall erzählte. Und dabei das auffallende Gebiss der Verstorbenen erwähnte. Dr. Reisberg wurde hellhörig: Er bat seinen Patienten um ein Bild des rekonstruierten Kiefers. Als er das Bild betrachtete, erkannte er eine ehemalige Patientin. Sie hieß Katharina Schäftner. Und angeblich hatte er mit seiner ehemaligen Patientin auch ein Verhältnis – doch das lassen wir im Dunkel der Geschichte. Jedenfalls hatte Herr Hofrat Wildner den Namen seiner Leiche: Katharina Schäftner, nunmehr verehelichte Katharina Fellner.

Katharina Schäftner wurde am 7. Februar 1885 in Schleinbach, einem Weinviertler Ort an der Nordwestbahn, in ärmlichsten Verhältnissen geboren. Ihre Mutter arbeitete als Magd auf einem Bauernhof und vermittelte ihre kleine Tochter zu einer Kostfrau in der Steiermark. 1895 kehrte die kleine Katharina zu ihrer Mutter nach Schleinbach zurück. Nach deren frühen Tod im Jahre 1909 übersiedelte sie nach Wien, um in der Hauptstadt ihre bedrückende Armut und ihre elende Not für immer zu überwinden. Aber nicht durch harte Lohnarbeit einer Proletarierin. Nein, sie wurde Sitzkassiererin im Café „Fin de Siècle“. Und lernte dort allerhand reiche Männer kennen – und lieben. Etwa den Direktor der Banca commerciale in Triest, einen Doktor Wilhelm Weil. Der in Triest eine stattliche Villa besaß. Oder den zu allerlei illustren Geschäften aufgelegten Kaufmann Gustav Bauer.

Als ihr Galan aus Triest – der mit der Villa – jedoch kränkelte, manche erwähnen fälschlicherweise seinen Tod, heiratete unsere Katharina im Jahre 1926 einen gewissen Andreas

Fellner, geboren 1885 im damals zu Ungarn gehörenden Stuhlweißenburg, also in Székesfehérvár. Dieser lebte teils als Kaufmann, teils als Schmuggler, teils als Betrüger, erst in Wien, später vor allem in Abbazia, im heutigen kroatischen Opatja, das damals zu Italien gehörte. Seine Ehe mit unserer Katharina verlief nicht gerade harmonisch. Möglicherweise störten ihn die amourösen Beziehungen seiner Frau Gemahlin oder er wich ihr aus, weil sie bei den Treffen stets die Rückzahlung jenes Geldes verlangte, das sie ihm dereinst geborgt hatte. Jedenfalls hatte sie ihren sich stets als Graf oder Baron ausgebenden Mann wegen Betrug und Defraudation angezeigt. Und einen Scheidungstermin gab es auch schon: den 23. Juli 1928. Genau eine Woche nach dem Mord im Lainzer Tiergarten!

Kommen wir jetzt zum Stand der Ermittlungen. Hofrat Wildners erster Verdacht richtete sich logischerweise auf ihren Mann, auf Andreas Fellner. Der zudem in Österreich wegen Waffen- und Kokainschmuggels zur Fahndung ausgeschrieben war. Durch die länderübergreifende Zusammenarbeit wurde er prompt in Abbazia am 12. Juli 1929 verhaftet, wo er mit einer Gertrude von Koch, einer reichen Hamburgerin, im Hotel Adriatica Logis genommen hatte. Er wurde nach Wien in die Polizeipräfektur überstellt. Doch zur großen Überraschung der Kriminalisten konnte er für den Zeitpunkt des Mordes ein hieb- und stichfestes Alibi nachweisen. Am 15. Juli 1928 hatte er in Monfalcone einen Fiat-Achtzylinder gemietet. Und für den Tag des Mordes, den 17. Juli, war ein aktenkundiger Zusammenstoß mit einem Fuhrwerk kurz vor Venedig sowie eine Behandlung im Krankenhaus nachweisbar. Herr Fellner schied aus der Schar der vermeintlichen Mörder aus.

Allerdings gab er den Behörden einen Zund, der sich später als vollkommen richtig erweisen sollte. Nach anderen Quellen stöberte Hofrat Wildner in der Triester Villa des Doktors Wilhelm Weil, wo er in einem Koffer unzählige Liebesbriefe der braven Katharina fand: Gerichtet an einen gewissen Gustav Bauer, mit dem sie schon vor ihrer Hochzeit ein Verhältnis hatte.

Gustav Bauer wurde am 10. April 1891 in Wien geboren, war also um sechs Jahre jünger als Katharina Fellner. Sein Vater arbeitete als „Eskompteur", also als Börsenmakler. Unser Gustav Bauer ließ sich nach einer kurzen Tätigkeit in der Länderbank wegen eines Lungenleidens abfinden und wirkte fortan als Geschäftsreisender seiner eigenen Firma, die als „Firma Gustav Bauer" eingetragen war. Spezialisiert war er auf den Kauf und Verkauf von Schmuck und Pelz. Im Jahr 1921 lernte er in Meran eine gewisse Katharina Schäftner kennen und lieben; die Beziehung zu der späteren Frau Fellner wurde jedoch ab 1925 gelockert, wenn nicht sogar gelöst. Der Kontakt zwischen den beiden – welcher Art auch immer – blieb jedoch bestehen.

Und noch etwas. Offiziell galt Gustav Bauer als konfessionslos. Die nationale Presse sollte ihn später wegen seiner jüdischen Herkunft mit Hass und Häme überschütten.

Am 20. Juli 1929 wurde Gustav Bauer in Berlin verhaftet. Er leugnete mit Vehemenz den ihm vorgeworfenen Mord. Der Prozess gegen ihn sollte am 7. Oktober 1930 im Wiener Landesgericht beginnen.

Ich will zwei Versionen gegenüberstellen. Die erste entspricht der Sicht des Staatsanwalts, die zweite der Sicht Gustav Bauers und seines Verteidigers. Die im Prozess geschilderten Vorgänge sind recht gut belegt: Die Wiener Zeitungen berichteten mit Hingabe über den „Sensationsprozess", die *Kronen-Zeitung* zitierte sogar detailliert über mehrere Seiten die Reden der auftretenden Kontrahenten. Der Prozess begann am 7. Oktober 1930, wurde jedoch am 15. Oktober ausgesetzt. Die Fortsetzung erfolgte vom 11. März bis zum 23. März 1931. Am 24. März 1931 wurde das Urteil verkündet. Und Gustav Bauer, ein fescher und ansehnlicher Mann, erschien sorgfältig gekleidet und mit Lackschuhen vor Gericht, sein Auftreten war durchaus einnehmend und gewinnend. Unter den zahlreichen Zuhörern befand sich auch Andreas Fellner, der durch ausfällige Äußerungen über seine Ex-Frau auffiel.

Jetzt die Version der Anklage. Frau Fellner war – so belegen es die Zollbeamten in Maribor – in der Nacht vom 16. auf den 17. Juli mit gültigen Reisepapieren von Triest aus nach Österreich eingereist. Herr Bauer hatte sie mit einem Telegramm aus der Adriastadt nach Wien gebeten, holte sie vom Südbahnhof ab und fuhr mit ihr in seine Wohnung in der Spiegelgasse. Nach einem etwa einstündigen Aufenthalt nahmen sie ein Taxi des Unternehmers Singer nach Lainz. Über das exakte Ziel dieser Taxifahrt gab es verschiedene Versionen, aber laut Anklage fuhren die beiden zunächst zum heute nicht mehr existierenden Weinhaus Doll, das sich am „Stock im Weg" nördlich des Ober Sankt Veiter Friedhofs befand. Von dort kletterten sie über die Mauer des öffentlich nicht zugänglichen Tiergartens. Im nicht weit entfernten Saulackenmais erschoss dann der Angeklagte seine Exgeliebte, Frau Fellner. Die Verbrennung der Leiche glückte ihm bedingt durch das einsetzende Gewitter nicht mehr lückenlos.

Und der Staatsanwalt wird nun sicherlich vor Zuversicht gestrahlt haben, der Angeklagte war Eigentümer einer Browning-Pistole des Kalibers 6,35. Das gleiche Kaliber wie die Mordwaffe.

Der Angeklagte verkaufte bald darauf Schmuck und Pelz der Ermordeten bei einem Kürschner sowie im Wiener Dorotheum, so einen Nerz- und Astrachanmantel, eine Hermelinstola, einen Chinchillakragen. Weiters konnte die Anklage belegen, dass der Angeklagte einen Spiritus der Marke

„Meta" besaß. Und, der Staatsanwalt wird nun sicherlich vor Zuversicht gestrahlt haben, der Angeklagte war Eigentümer einer Browning-Pistole des Kalibers 6,35. Das gleiche Kaliber wie die Mordwaffe. Zu seiner Verteidigung erwähnte der Angeklagte, er habe vor einigen Jahren die Browning-Pistole gekauft, da er sich damals wegen einer nicht erfüllten Liebe umbringen wollte.

Nun zur Version von Gustav Bauer bzw. seines Anwalts. Hugo Schönbrunn (1874–1932) war ein versierter und auf ähnliche Fälle spezialisierter Strafverteidiger jüdischer Herkunft. Hans Habe, der mit ihm befreundet war und den Prozess in der Rolle des Kriminalreporters verfolgte, beschrieb ihn als „kahlköpfigen Riesen, halb Gorilla und halb römischer Senator". Schönbrunn hatte im Jahre 1901 den Austritt aus dem „mosaischen Glauben" gemeldet und galt demnach als konfessionslos. Seiner bereits angeschlagenen Gesundheit sollte dieser Prozess einigermaßen zusetzen, sodass er nach 1931 keine großen Fälle mehr übernahm.

Auch in der Version der Verteidigung fuhr Frau Fellner zunächst in die Wohnung des Herrn Bauer in der Spiegelgasse. Nun will ich mich an die *Kronen-Zeitung* vom 8. Oktober 1930 halten. Sie zitiert die Aussage Gustav Bauers:

Meine Begrüßung von Frau Fellner war nicht eine glückliche. Sie hat mir ihren Hund versprochen, der an mir sehr gehangen ist. Als ich sie unten traf, war meine erste Frage:

„Wo ist der Hund?" „Interessiere dich doch für mich", entgegnete Frau Fellner. Das war eine unglückselige Redensart. Sie hat mir mitgeteilt, daß sie sich in einer furchtbaren Situation befindet. Das war eigentlich das Hauptgesprächsthema während ihres Aufenthaltes. Ich habe ihre früheren Beziehungen zu anderen Männern Revue passieren lassen und habe ihr zugeredet, zu Direktor Weil zurückzugehen. Sie erklärte mir wieder, sie brauche

dringend bares Geld, und sie sprach davon, sie werde ihre Pelze verkaufen. Ich sagte ihr, es sei nicht zweckmäßig, sie zu verschleudern, es sei keine Saison dafür. Ich erklärte ihr schließlich, ich habe nicht viel Geld bei mir, ich kann 1600 Schilling entbehren, das ist ungefähr der Betrag, den ich dir geschickt habe, ich stelle ihn dir gerne zur Verfügung. Sie war damit einverstanden.

Vorsitzender: Kennen Sie den Tatort des Mordes?

Angeklagter: Erst seit dem Lokalaugenschein am 7. Mai dieses Jahres.

Vorsitzender: Hatten Sie die Möglichkeit, den Ort schon früher kennen zu lernen?

Angeklagter: Nein. Das Wort „Saulackenmais" war mir ganz fremd.

Vorsitzender: Aber die Gegend war Ihnen doch bekannt?

Der Angeklagte beteuert unter ausführlicher Beschreibung der Örtlichkeit nächst der Hermesvilla, daß ihm nur die linke Seite des Gebietes, wo sich der Golfplatz des Country-Klubs befindet, bekannt gewesen ist, die rechte jedoch nicht.

Vorsitzender: Kannten Sie das Weinhaus „Doll"?

Angeklagter: Gewiß, denn es liegt in der Nähe von Tennisplätzen, wo ich häufig gespielt habe.

Nun erwähnt der Reporter der *Kronen-Zeitung*, dass Herr Bauer öfters mit einer seiner Geliebten ins Weinhaus Doll gereist war und dabei stets das Taxi des Herrn Singer benutzt habe. Mit ihr hielt er sich auch im Tiergarten auf. Aus Gründen der Diskretion wollte er deren Namen erst nicht nennen. Doch um glaubwürdig zu wirken, gab Herr Bauer den Namen der verheirateten Dame bekannt: Sie heiße Alice Decker. Und sie war am Tag des Mordes nachweislich nicht in Wien, sondern in der französischen Schweiz.

Freiblatt unverkäuflich

Die heutige Nummer ist 12 Seiten stark.

Der Abend

Wien 20 Groschen

Der rumänische Ministerpräsident Julius Maniu ist zurückgetreten.

Nr. 232 — Wien, Dienstag, 7. Oktober 1930 — 16. Jahrgang

Heute erster Tag des großen Bauer-Prozesses.

Die sensationelle Anklageschrift. — Ankläger und Verteidiger kommen mit neuen aufsehenerregenden Einzelheiten.

Warum der „Abend" am Freitag konfisziert wurde. — Veröffentlichung der konfiszierten Stelle Seite 6.

Gustav Bauer im Gerichtssaal.

Das abgestürzte Verkehrsflugzeug Berlin—Wien.

Telegraphisch übermitteltes Lichtbild der „New York Times". — Von Berlin nach Wien telegraphiert.

Die Wiener Zeitungen berichteten mit Hingabe vom Prozess gegen Gustav Bauer. Noch 1938 betrieb der *Völkische Beobachter* Propaganda gegen den Angeklagten, der mit fünf zu sieben Stimmen freigesprochen wurde.

Nr. 11.0[illegible]. Seite 4. — Illustrierte Kronen-Zeitung. — Mittwoch, 8. Oktober 1930

Eine Aufnahme der Käthe Fellner mit dem Persianermantel.

benes Armband. Es lag die Vermutung nahe, daß

der Mörder in dem Bekanntenkreis der Frau zu suchen

sein werde, der genau wußte, welche Schmuckstücke der Frau wertvoll und welche von geringem Wert waren; das goldene Armband hatte er offenbar in der Eile übersehen. Neben der Leiche fand man zum Teil gänzlich verbrannte, zum Teil nur angebrannte

Stangen von Trockenspiritus und ein kleines Benzinfläschchen.

Der Mörder hatte sich bemüht, die Erkennung der Getöteten durch Verbrennen unmöglich zu machen; ein weiterer Verdachtsgrund dafür, daß er zu dem Bekanntenkreis seines Opfers gehört, denn ein fremder Raubmörder hat von der Feststellung der Identität seines Opfers nichts zu befürchten.

Die Lage der Leiche war darnach, im ersten Augenblick eine Vergewaltigung der Frau vermuten zu lassen, doch schlossen die Gerichtsärzte, die die Leiche gleich am Tatorte besichtigt hatten, diese Vermutung aus.

Keine Spur vom Mörder.

Die Kunde von dem Mord ging durch die ganze Welt, überall hat man von dem Verschwinden und dem Tode einer unbekannten Frau in Wien Nachricht erhalten, und doch verging ein volles Jahr, ohne daß jemand in der großen Welt von dem Verschwinden einer Angehörigen berichtet hätte. Die Indizien waren der breitesten Oeffentlichkeit bekannt. Besonderes Gewicht wurde in dieser Hinsicht auf

das eigenartige Gebiß der Getöteten

gelegt; eine Abbildung desselben wurde allen Zahnärzten und Zahntechnikern sowie den deutschen Fachzeitschriften im In- und Ausland zugesendet. Diese Maßnahme erwies sich als richtig. Fast ein Jahr nach dem Morde meldete sich ein Wiener Zahnarzt, Dr. Franz Reisberg, der an einer ihm im Polizeimuseum in naturgetreuer Nachbildung gezeigten Goldbrücke seine Arbeit erkannte. Aus seinem Ordinationsbuch konnte er nun feststellen, daß es das Gebiß einer Patientin namens Katharina Schäftner war, die er in den Jahren 1921 bis 1924 behandelt hatte. Der Zahnarzt konnte über diese Patientin auch nähere Angaben machen. Sie sei in jungen Jahren Kassierin in einem Café in der Hebragasse gewesen. Später habe er sie, stets sehr elegant gekleidet, in Vergnügungsetablissements in Wien gesehen.

Der Lebenslauf der Ermordeten.

Nun wußte man den Namen der Getöteten, der Weg für weitere Erhebungen war offen. Man stellte fest, daß Katharina Schäftner 1887 im Findelhaus in Wien als außereheliche Tochter einer gleichnamigen Magd aus Rothneusiedel geboren wurde. Sie war schon frühzeitig auf selbständigen Verdienst angewiesen, war Kellnerin, später Kassierin geworden. 1915 wurde sie mit dem Direktor der Banca Commerciale Triestina, Wilhelm Weil, bekannt, mit dem sie über zehn Jahre ein Verhältnis unterhielt. Der Mann

überhäufte sie mit wertvollen Geschenken

und kaufte ihr mehrere teure Pelze. Im Sommer 1926 wurden die Beziehungen gelöst und Katharina Schäftner bekam von ihrem Freunde eine Abfertigung von 40.000 Lire. Einige Zeit später kam Katharina Schäftner nach Budapest und schloß dort mit einem gewissen Andreas Fellner die Ehe. Ihr Eheglück war aber nicht von langer Dauer, anfangs 1928 verließ sie ihren Mann und

übersiedelte nach Italien,

wo sie den Rest ihres Vermögens, den sie aus der Ehe mit Andreas Fellner retten konnte, am Spieltisch fast zur Gänze verlor. In San Remo, wo sie zuletzt wohnte, mußte sie schon einen Teil ihres Schmuckes zu Geld machen. Am 10. Juli 1928 hielt sie sich einige Tage in Triest auf, am 16. Juli begab sie sich von hier

nach Wien,

und es fiel beim Abschied den Hotelbediensteten auf, daß die immer vornehm auftretende Dame ohne Geld diese Auslandsreise antrat. Sie konnte dem Stubenmädchen kein Trinkgeld geben, sie schenkte ihr ein Hemd. Das Stubenmädchen half ihr beim Einpacken. Während des Packens sagte Katharina Fellner dem Mädchen, daß sie zwar kein Bargeld hat, daß aber ihre

Schmucksachen und Pelze ein Vermögen

darstellen, ihr Nerzmantel allein sei 80.000 Lire wert. Katharina Fellner ließ ihre vier Koffer, darunter einen großen Kabinenkoffer, nach Postumia (Adelsberg) aufgeben und fuhr um halb neun Uhr abends nach Wien ab.

Die Jagd nach dem Mörder.

Nun konnte man die Jagd nach dem Mörder einleiten. Man erkundigte sich selbstverständlich in erster Reihe um den Gatten Andreas Fellner aus Budapest, mit dem sie im Scheidungsprozeß stand, und die Auskünfte lauteten durchaus nicht günstig. Dazu kam noch ein verhängnisvolles Mißverständnis. Die österreichische Grenzpolizeistelle in Marburg telegraphierte nach Wien, daß nach den dortigen Eintragungen ein Andreas Fellner am 17. Juli 1928, also am Tage des Mordes, mit dem Triester Schnellzug auf der Fahrt nach Wien die Grenzstation Marburg passiert habe. Jetzt, ein volles Jahr nachher, wurde Andreas Fellner in Abbazia, wo er sich eben aufhielt,

unter dem Verdachte des Gattenmordes verhaftet.

Andreas Fellner gelang es aber bald, ein Alibi für den Mordtag nachzuweisen. Er hatte nämlich das Glück, daß ihm an jenem Tag

Heinrich Andreas Fellner, der Gatte der Ermordeten.

ein Unglück widerfahren ist. Er war am 17. Juli 1928 mit seiner Lebensgefährtin mittels Auto von Grado nach Venedig gefahren; infolge Versagens der Bremse erlitten sie einen Unfall, beide wurden leicht verletzt. Sie wurden von einem Arzt aus Oderzo behandelt und setzten am Nachmittag die Reise nach Venedig fort, waren spät nachmittags dort eingetroffen und im Hungaria-Palace-Hotel abgestiegen. Es erwies sich also als ausgeschlossen, daß Andreas Fellner am Tage des Mordes sich in Wien aufgehalten hätte. Er wurde auch sofort auf freien Fuß gesetzt. Jetzt erst wurde das Mißverständnis der Grenzstelle in Marburg aufgeklärt. Es hat sich herausgestellt, daß Andreas Fellner

einem sprachlichen Mißverständnis zum Opfer gefallen

war. In der ungarischen Sprache wird der Name einer verheirateten Frau aus dem Namen ihres Gatten mit dem Anhängsel „né" gebildet. Der ungarische Paß der Katharina Fellner lautete demnach: „Fellner Andrasné". Die Grenzstelle in Marburg übersah nun bei der Eintragung des Namens das „né" und telegraphierte nach Wien, daß ein Mann namens Andreas Fellner die Grenze passiert habe ...

Die Verhaftung erwies sich doch für die schließliche Ausforschung des Täters als sehr nützlich. Denn Fellner konnte bei seiner Einvernahme die Behörden auf

die Spur eines Bekannten

der Katharina Fellner führen, von dem ihm seine Frau oft erzählt hat. Katharina Fellner habe ihm, so erzählte er, oft gesagt, sie sei von einem Wiener Füllfederagenten namens Bauer um viel Geld gebracht worden. Mit dem Namen Bauer konnte man allerdings nicht viel anfangen, denn es gibt hunderte Bauer in Wien, wenn auch nicht alle mit Füllfedern handeln. Aber Direktor Weil glaubte sich erinnern zu können, daß seine Freundin ihm in der Zeit nach der Lösung ihrer Beziehungen, als sie sich nur mehr von Zeit zu Zeit flüchtig sahen, das

Auszug aus der *Kronen-Zeitung* vom 8. Oktober 1930.
Links die Ermordete Katharina Fellner, rechts ihr Ehemann Andreas, der sich eine Woche nach dem Vorfall von ihr hatte scheiden lassen wollen.

Vorsitzender: Sie fuhren in der Regel im Autotaxi hinaus. Haben Sie den Wagen warten lassen? – Angeklagter: Wahrscheinlich. Mit der Fellner war ich nicht im Tiergarten.

Vorsitzender: Waren Sie mit Frau Fellner am 17. Juli im Lainzer Tiergarten?

Angeklagter (mit gehobener Stimme): Ich war am 17. Juli mit Frau Fellner bis halb ein Uhr mittag beisammen.

Weiter im Bericht der *Kronen-Zeitung*: Frau Fellner verließ die Wohnung des Angeklagten mit einem Taxi zu einer ihm nicht bekannten Adresse. Gustav Bauer dinierte nachher bei der Firma „Rotter", dann besuchte er seinen Stiefbruder Leo im Allgemeinen Krankenhaus. Dieser konnte jedoch die Angabe des Angeklagten nicht eindeutig bestätigen.

Am 24. März 1931 erfolgte der Spruch der Geschworenen.

Nun, werte Leserin, werter Leser, Hand aufs Herz, wie hätten Sie geurteilt?

Der Prozess endete jedenfalls mit einer mordsmäßigen Überraschung. Gustav Bauer wurde von den Geschworenen freigesprochen: Sieben stimmten für Mord. Fünf dagegen. Nach der damaligen Gesetzeslage hätten acht für „Mord" stimmen müssen. Der Angeklagte wurde hiermit sofort enthaftet.

Wer hat nun unsere arme Edelkurtisane ermordet? Doch Gustav Bauer? Oder der große Unbekannte, der vom Verteidiger Hugo Schönbrunn – wie sagt man: ins Spiel gebracht wurde? Doktor Schönbrunn schaffte es sogar, einen Doppelgänger Gustav Bauers vor Gericht zu laden, einen gewissen Josef Woiwoda, seines Zeichens Geschäftsführer eines Kaffeehauses in Mariahilf. Und dieser hatte tatsächlich eine frappante Ähnlichkeit mit unserem Gustav Bauer – für die Tatzeit konnte er allerdings ein glaubhaftes Alibi vorweisen.

Wer war der Mörder? Der freigesprochene Kaufmann Gustav Bauer konnte bald keine Antwort mehr geben. Ich orientiere mich an dem Journalisten Hans Habe und seinem Buch *Meine Herren Geschworenen.* Gustav Bauer verübte am 17. Juli 1932 in seiner Wohnung in der Wiener Spiegelgasse Selbstmord, er erhängte sich am Türstock zwischen Küche und Zimmer. Die Zahlenmystik: Genau vier Jahre vorher, am 17. Juli 1928, hatte sich der Mord im Saulackenmais ereignet. Und exakt vier Jahre später ...

Gustav Bauer hinterließ einen Abschiedsbrief, in dem er seine Unschuld beteuerte. Da er aber – laut Brief – von vielen als Mörder betrachtet worden sei, wäre es ihm unmöglich gewesen, in der Wiener Gesellschaft in seinem angestammten Beruf als Kaufmann wieder Fuß zu fassen. „Wenn ich heute freiwillig in den Tod gehe, so kann ich nur wiederholen, was ich schon hundertmal wiederholt habe: Ich bin unschuldig!"

Soweit also Hans Habe. In der *Kronen-Zeitung,* die seitenlang die Verhandlung kommentiert hatte, erschien jedoch kein Bericht über den Selbstmord von Gustav Bauer. Dadurch galt manchen Zeitgenossen die Selbstmordthese nicht als absolut gesichert. Gesichert ist nur, dass der Tiergartenmord an Katharina Fellner bis heute auf seine Auflösung wartet.

Epilog des Schreckens:

Der *Völkische Beobachter* vom 16. August 1938 berichtete über den Fall Katharina Fellner:

Vor zehn Jahren, im Sommer 1928, entdeckte man im Lainzer Tiergarten nach einem heftigen Gewitter die Leiche einer auffallend schönen, eleganten Frau im Alter von etwa 35 Jahren mit zwei Schußverletzungen und verkohlten Beinen. Endlich konnte man feststellen, daß die Ermordete auch in Wien einen Freund hatte, einen Juden namens Gustav Bauer, in dessen Wohnung sie vom Südbahnhof aus gefahren war. Er gab zu, daß seine Freundin bei ihm gewesen sei, sein Badezimmer benützt habe und dann sei sie, so gab der Jude an, mit einem Un-

bekannten (!) in den Lainzer Tiergarten gefahren. Seither habe er sie nicht mehr gesehen.

Der Jude befand sich in sehr mißlichen finanziellen Verhältnissen und hatte die vielen wertvollen Pelze und den herrlichen Schmuck seiner Freundin verkauft.

Über ein Jahr währte die Untersuchung. Beweis häufte sich auf Beweis gegen den jüdischen Mörder. Am 13. Oktober 1930 stand er vor den Geschworenen. Da ergab sich, daß seine Verteidiger mit ungeheuren Kosten (das Geld war von jüdischer Seite zur Verfügung gestellt worden) vom ersten Tag an eine Nebenuntersuchung geführt hatten. Die Zeugen waren bearbeitet und bestochen worden, konnten sich plötzlich an nichts mehr erinnern, die Verteidigung (gerissene Juden) hatten die Frechheit, von Mangelhaftigkeit des Verfahrens zu sprechen und Gericht und Polizei zu beschimpfen.

... Ein halbes Jahr später führte man den zweiten Prozeß. Nun litten auch die Zeugen auf einmal an Gedächtnisschwäche! Die Geschworenen wurden von jüdischen Verteidigern verwirrt und unsicher gemacht. Das Urteil der Geschworenen lautete auf sieben nein und fünf ja. Der jüdische Mörder wurde freigesprochen! Die Staatskasse hatte die Prozeßkosten in der Höhe von einer halben Million Schilling zu tragen. Fünf Jahre später endete der jüdische Mörder durch Selbstmord.

So schuf man damals alternative Fakten.

XXX

GESUCHT:

JOHANN „SCHANI“ BREITWIESER

GEBOREN: *1891*

BERUF: *Einbrecher*

GESUCHT WEGEN: *Einbruch und Diebstahl*

DER EINBRECHERKÖNIG VON MEIDLING

Der Breitwieser Schani liegt am Meidlinger Friedhof im Grab der Abteilung 1, Gruppe 1, Nummer 48. Wenn der Schani seine Ohren spitzt, kann er die Durchsagen im nahegelegenen Meidlinger Bahnhof hören: *Zug auf Bahnsteig 2 nach Ljubljana, Zug auf Bahnsteig 4 nach München.*

Dabei hat es der Schani in seinem kurzen Leben aus freien Stücken gerade einmal bis Sankt Andrä-Wördern gebracht, wo er am 1. April – nein, kein Aprilscherz –, also am 1. April 1919 von einem Polizisten auf der Flucht angeschossen wurde und noch am selben Tag im Wiener Inquisitenspital in der Landesgerichtsstraße verstarb.

Sein Leichnam wurde kurz darauf in der dem heiligen Nepomuk geweihten Kirche am Meidlinger Migazziplatz aufgebahrt. 20.000, manche meinen sogar 40.000 Trauergäste sollen ihm beim folgenden Begräbnis auf dem Meidlinger Friedhof die letzte Ehre erteilt haben. 40.000, wie soll sich solch eine Menge auf dem Friedhof versammeln?

Aber jetzt langsam und der Reihe nach, die Zeiten waren unruhig und man muss justament eine gerade Spur verfolgen. Unser Johann Breitwieser wurde am 13. April 1891 geboren. Wo, das ist eine gute Frage. In der Breitenfurter Straße Nr. 13. Da hätte er schon als kleiner Bub das Pfauchen und Schmauchen der Dampfzüge der Südbahn hören können. Oder in der Jahngasse 16. Die gibt es heute gar nicht mehr, die heißt jetzt Singrienergasse und befindet sich zwischen der heutigen Ruckergasse und der Grünbergstraße.

Jedenfalls brachte seine Mutter insgesamt 16 Kinder der Reihe nach zur Welt, man könnte also sagen, sie war hauptberuflich schwanger. Sein Vater arbeitete zwar redlich und fleißig als Schustergeselle, und obwohl er des Nachts auch als Tischlergeselle und obendrein noch im Meidlinger Friedhof pfuschte, für ein geregeltes und finanziell abgesichertes Familienleben konnte das nicht reichen. Der kleine Schani musste also mangels elterlicher Fürsorge und Kontrolle schon als kleiner Schani auf eigenen Füßen zu stehen lernen.

„Der Aff’ in Schönbrunn war mein Lehrer und der Bär mein Professor.“

Die Pflichtschule besuchte er eher gelegentlich. Statt dort seine Jugend zu vertrödeln, gesellte er sich zu den Gestalten im Gatterhölzl. Das Gatterhölzl war damals noch nicht verbaut, in dem unzugänglichen Waldstück östlich des Schönbrunner Schlossgartens trieben sich Kleinkriminelle und Obdachlose herum. Dieser undurchdringliche Dschungel war Schanis erste Schule. Er lernte auf die Stämme klettern wie ein Eichhörnchen, er schwang sich wie später ein gewisser Tarzan von Ast zu Ast, er klemmte sich mit den Zehen in den dicken Rinden der Eichen fest.

Bei seinen Streifzügen durch den nahen Schönbrunner Tiergarten besuchte er mit Vorliebe das Gehege der Affen. Dabei imitierte er ihre drolligen Bewegungen, er hängte sich mit den Zehen an einen Baum außerhalb des Gitters, er lernte ihre Gebärdensprache, er lauschte ihren Lauten, ja, er bildete sich ein, sich mit ihnen unterhalten zu können.

Angetan war er von einem malaiischen Bären. Er streckte ihm durch das Gitter seine Finger entgegen, und als der Bär ihm seine Tatze reichte, begann er mit dem Bären zu tanzen. Der mit dem Bären tanzt, der wird es zu etwas bringen, bildete er sich ein. Als er später vor Gericht nach seiner Schule, nach seiner Bildung gefragt wurde, gab er zur Antwort: „Der Aff' in Schönbrunn war mein Lehrer und der Bär mein Professor."

Natürlich konnten seine Streifzüge von dem kaiserlichen Schloss zu Schönbrunn nicht Halt machen. Er kletterte gewandt über die Mauern, schlich zwischen den uniformierten Wächtern zu einem Türl, schloss jedes Schloss im Schloss mit sicherer Hand auf. Ab und zu blieb er über Nacht in einem der prunkvoll ausgestatteten Zimmer des kaiserlichen Schlosses. Und als er aus einer Luke des Daches zu Schloss Schönbrunn hinauslugte und vielleicht aus Trotz über seine gelungene Tour den eilig anlaufenden Wachmannschaften zuwinkte, nein, da passierte gar nichts. Der Schani nahm nichts mit, er steckte nichts ein, er stahl nichts, er soll nur gerufen haben: „Pfiat eich Gott mit Rosenwasser!", und auf unerforschlichem Wege hat er sich verzupft, als wäre er ein Eichkatzerl, das von Baum zu Baum springt.

Auch über seine elterliche Wohnung, in die er ab und zu zurückkehrte, gibt es Berichte. „Die Einrichtung bestand aus einem einzigen Bett, Strohsäcken, einem alten ausgebrochenen Schubladekasten, einigen Schüsseln und Tellern und einigen morschen Kisten. Im Bett schliefen die Eltern und vier von den Kindern, die übrigen auf den Strohsäcken. Schani selbst in einem schwarzen Koffer, der die „Familienlumpen" enthielt, ein weiterer Bruder im Waschtrog und der Kleinste im Wäschekorb", so Wolfgang Maderthaner und Lutz Musner in ihrem Buch *Die Anarchie der Vorstadt.*

Von irgendwas musste unser Schani aber leben. So nahm er mit, was sich ihm anbot, er streckte schnell seine findige Hand aus, auch wenn er dann nicht mit einem Bären tanzte.

Und das Resultat: Am 5. Februar 1906 stand er zum ersten Mal vor einem Richter. Im Landesgericht für Strafsachen, Saal VII. Damals war er gerade 15 Jahre alt. Gegenstand der

Verhandlung war der Diebstahl von einem Paar Filzschuhe, gestohlen aus der Bodenabteilung des Herrn Ignaz Winter, der Wert wurde mit zehn Kronen angegeben.

Der Vorsitzende fragte ihn: „Warum haben Sie das getan?“ – „Aus Not“, antwortete der Schani. Das harte Urteil: „Der Angeklagte ist schuldig des Verbrechens des Diebstahls an versperrten Sachen und wird zu einem Monat Kerker verurteilt.“

Der Vorsitzende fragte ihn: „Warum haben Sie das getan?“ – „Aus Not“, antwortete der Schani.

Dieses „Aus Not“ sollte 110 Jahre später noch einmal zur Sprache kommen. Und zwar auf der Vorderseite eines Leiberls, also eines T-Shirts. Die „Siebdruckeria“ in der Lacknergasse 56 im 17. Wiener Gemeindebezirk verkauft diese T-Shirts mit dem Konterfei von Schani Breitwieser und den Worten: „Warum? Aus Not“. Darunter auf einem sich ringelnden Zierband: „Outlaw-legend“.

Nun, nach der ersten Verurteilung, begann ein Leben, das sich zwischen Gelegenheitsarbeiten, Diebstählen und Aufenthalten im Gefängnis bewegte. Die nächste Verurteilung erfolgte noch im selben Jahr, am 16. August 1906. Die Spirale drehte sich, der Schani wurde zu drei Monaten verurteilt, die er im Kreisgericht Ried verbrachte. Als man anlässlich des Prozesses die Wohnung der Eltern durchsuchte, fand man hier ein Taschenmesser, einen Janker, ein Stemmeisen, eine Larve und eine Mundharmonika.

Am 4. November 1907 wurde er wieder verurteilt, das Strafmaß betrug diesmal schon sechs Monate, die er in Göllersdorf absitzen sollte. Doch irgendwann wurde dem Schani dieses Pendlerleben zwischen Gefängnis und dem tristen Meidlinger Alltag zu viel – und er tauchte unter.

Auf Tauchstation gegangen, versuchte er sogar eine bürgerliche Karriere. In den Inseraten einer Zeitung las er, dass die Gartenbaugesellschaft einen *messenger-boy* suchte, einen Fahrradboten, der in Wien als „Messingbua“ bezeichnet wurde. Schani erhielt den Posten, schlüpfte in eine Dienstuniform und radelte mit Briefen und sonstigen Dokumenten von der illustren Gartenbaugesellschaft zu anderen vornehmen Adressen Wiens.

Als er registrierte, nein, das ist aber nicht meine Welt, brach er mit dem Leben als Messingbua und führte sein altes Lotterleben fort.

Die Folge: 1912 muss er eine vierjährige Kerkerhaft im niederösterreichischen Gresten antreten. Nach seiner Entlassung am 16. März 1916 – inzwischen tobt der Erste Weltkrieg – wird er in ein Zwangsarbeitslager in Korneuburg überstellt. Er vermeidet jedoch seine Internierung, da er sich freiwillig zum Kriegsdienst meldet. Am ersten Tag seines Militärdienstes desertiert er. Als er erneut gefasst wird, simuliert er einen Tobsuchtsanfall sowie eine Stupor-Erkrankung, deren Symptom die Totalstarre des gesamten Körpers ist. Also wird er in die Landesirrenanstalt am Steinhof eingeliefert. Kaum eingeliefert, flieht er aus Steinhof und ...

Und schon längst war Schanis Lebensplanung verfestigt. Er hatte zu seinem Beruf, seinem Metier, seiner Lebensperspektive gefunden: Und diesen Beruf kann man mit vier Buchstaben wiedergeben: Dieb.

Dazu benötigte er tatkräftige und geschickte Mitarbeiter, also eine „Platte“, wie man damals auch in Wien sagte. Und unser Schani musste die Kenntnisse und Fertigkeiten erlernen, die ihm die perfekte Ausübung seines Berufes ermöglichten. Die dafür notwendige körperliche Gewandtheit und die Fingerfertigkeit hatte er sich im Gatterhölzl bereits angeeignet. So beschaffte er sich Lehrbücher über die Schlosserei und lernte, mit den modernsten Spezialwerkzeugen zu hantieren. Er griff zu Schweißapparaten, die im damaligen Wien noch völlig unbekannt waren, er benutzte Brennschneidemaschinen, die soeben im Vereinigten Königreich entwickelt worden waren. In seinen Heften, die man nach seinem Tode fand, erstellte er Formeln und Berechnungen für verschiedene Vorgangsweisen bei Einbrüchen. Und in seinem Beruf, nun vertraut mit den modernsten Arbeitsgeräten, fühlte er sich zu Höherem berufen. In Läden oder Marktstände einbrechen, das kann jeder kleine Gauner. Banken, Ministerien, Waffenfabriken, das waren die nunmehrigen Ziele des Meistereinbrechers.

Was ihn von den normalen Gaunern unterschied: In Meidling war er bezirksbekannt. Zum einen wechselte er ständig die Wohnung, sodass er in verschiedenen Teilen des Bezirkes auftauchte. In der Ratschkygasse 33, Tür 38. In der Murlingengasse 29. In der Vivenotgasse 37, Tür 18.

Und in seinem Beruf, nun vertraut mit den modernsten Arbeitsgeräten, fühlte er sich zu Höherem berufen.

Zum anderen verteilte er einen Teil seiner Beute unter den darbenden Ortsansässigen. Eine kurze Einblendung: Wir befinden uns mitten im Weltkrieg, viele der jungen Männer verrecken an der Front und die „zurückgebliebenen“ Frauen, Kinder und Alten hungern, weil sie sich die wenigen Essensvorräte nicht leisten können. Sie frieren, weil es kein Heizmaterial gibt, sie fühlen sich ausgegrenzt und im Stich gelassen, weil ihnen von den Behörden keine Hilfe zugesichert wird.

Da kam ein Held wie unser Schani zur richtigen Zeit: Der sich in den Hungerjahren 1918 und 1919 gegen die Banken und die Fabriken stellte! Und gegen die Polizei, die deren Interessen vertrat und die herrschenden Gesetze exekutierte! Und in Meidling erzählte man sich Geschichten über den Volkshelden, den

Desperado, den Outlaw, der sich die richtigen Gegner ausgesucht hatte. Und aus den Geschichten über den Schani wurden Legenden, Legenden über den König der Einbrecher, den Rächer der Enterbten, den Vergelter der Entrechteten. Gehört der spektakuläre Coup auf das Kriegsministerium zu den Legenden?

Freilich wusste man auch, dass der Schani bei Gefahr in Verzug schnell zur Pistole griff und sofort und ohne zu zögern auf ihn verfolgende Polizisten schoss. Tödlich traf er keinen, aber er verletzte mehrere der „Pickelhaubenträger", sodass ein Vorgehen der Polizei gegen den Johann Breitwieser stets als äußerst riskant eingestuft wurde. *Das Interessante Blatt* vom 11. April 1918 veröffentlichte den Text der amtlichen Fahndung: „Es wird ersucht, nach Johann Breitwieser die eingehendsten Erhebungen zu pflegen, ihn zu verhaften und anher oder der nächsten Militärbehörde zu überstellen. Bei der Verhaftung wäre die größte Vorsicht geboten, da Breitwieser stets sofort schießt."

Als Belohnung wurden 1.000 Kronen ausgesetzt.

Zur Legendenbildung trug – ob mit Absicht oder nicht – auch Schanis erster Biograf bei. Schon 1925 erschien das Buch *Johann Breitwieser. Ein Lebensbild,* verfasst von Hermann Kraszna, einem engagierten Rechtsanwalt, der auch als Journalist sowie als Herausgeber eines Kriminal-Magazins agierte.

Egal. Also, Hermann Kraszna schrieb die Biografie mit epischen Strukturen, mit zahlreichen Dialogen im Wiener Dialekt. Ein kurzer Auszug aus besagtem Lebensbild, der veranschaulicht, dass er für Hermann Kraszna die Rolle eines sozialen „Umverteilers" übernommen hatte:

Bald tauchte er da, bald dort auf. Eine ganze Reihe von Bärten, die er zur Verfügung hatte, ließ ihn bald als Greis, als Pfadfinder, bald als Kavalier auf irgend einem Schauplatz erscheinen. In allen möglichen Uniformen tauchte er auf, als Tramwaykon-

dukteur, als Eisenbahner, als Soldat, er verkörperte jung und alt, wie ein gewiegter Komödiant. Seine Verbrechen bekamen, wie die Meidlinger versichern, einen höheren Sinn. Er hob Vermögen meist nur mehr für andere aus. Seine Angehörigen selber sollen kaum einen Splitter davon erhalten haben. Wenn sein Schwesterchen ihn um ein paar Kreuzer bat, schlug er ihr auf die Hände, weil er das Betteln nicht leiden mochte und sagte oft ganz wild: „Du sollst ehrlich bleiben, i kann dir kan ehrlichen Heller geben." Sein Mitgefühl für die Armut, die immer mehr unter der Not des Krieges litt, brach in dieser Zeit mächtig durch. Mit Zynismus sprach er davon, daß er nun fleißig Nachschau halte und immer mehr finde, daß der eine „a wengerl z'viel" habe und er einen gerechten Ausgleich vornehmen wolle.

In Krasznas Biografie wird über den Einbruch im Kriegsministerium nicht berichtet, später lebende Autoren erzählen darüber.

Also gut.

Das gewaltige Kriegsministerium am Ring. Davor der Feldmarschall Radetzky hoch zu Ross. Hier soll der Schani Breitwieser im Kriegsjahr 1917 in der Uniform eines Oberleutnants am helllichten Tag aufgekreuzt sein, dann spazierte er zur Auszahlungsstelle für Heereslieferungen, knackte in Sekunden den Panzerschrank, räumte 100.000 Kronen ab und verschwand binnen Kurzem mit dem Geld.

100.000 Kronen! Mitten im Krieg aus dem Kriegsministerium! Und wenn es nicht stimmt, so ist es gut erfunden.

Auf jeden Fall passiert ist ein anderer und den absoluten Höhepunkt der beruflichen Karriere markierender Überfall. Sozusagen ein Überfall, der Geschichte schrieb. Am 19. Jänner 1919 brach er in die Hirtenberger Munitionsfabrik ein – das von der Familie Mandl geführte Unternehmen im Süden von Wien war für viele Darbende eine Anstalt der verhassten

Kriegsgewinnler. Der Schani öffnete behände den Panzerschrank und stahl eine halbe Million Kronen. Eisenschlitzer!, jubelten die Meidlinger. Es lebe der Einbrecherkönig! Nieder mit den Waffenfabriken!

Eisenschlitzer!, jubelten die Meidlinger. Es lebe der Einbrecherkönig! Nieder mit den Waffenfabriken!

Das war jedoch sein letzter Coup. Über einen Mittelsmann hatte er um 28.000 Kronen eine Villa in St. Andrä-Wördern in der Riegergasse 5 gekauft. Lange sollte er sich hier mit seiner um acht Jahre jüngeren Geliebten Anna Maxian nicht des Lebens erfreuen. Machen wir das Ende kurz, obwohl Egon Erwin Kisch in seiner klassischen Reportage *Wie der Einbrecher Breitwieser erschossen wurde* mehrere Seiten benötigte. Er schildert das Ende des Einbrecherkönigs als vermeintlicher Augenzeuge, so gibt es hinreichende Informationen.

Also: Am Morgen des 1. Aprils 1919 fahren fünf Polizisten und ein Polizeihund mit dem Zug vom Franz-Josefs-Bahnhof nach St. Andrä-Wördern und huschen vorsichtig zur Villa Breitwiesers. In den Nachbarvillen sind bereits Scharfschützen postiert, das Ende ist unausweichlich. Doch man wartet ab. Kurz vor 17 Uhr geht unser Schani in den Hof zu seinem Fahrrad. „Hände hoch!“, tönt es von allen Seiten, zahlreiche Revolver sind auf ihn gerichtet. Er versucht noch, auf das Nachbargrundstück zu fliehen und feuert mit seiner Browning in Richtung Polizisten. Auf dem Nachbargrundstück bleibt er liegen, getroffen von mehreren Schüssen. An den Folgen dieser Verletzungen stirbt er wenige Stunden später im Inquisitenspital in der Landesgerichtsstraße.

Kurz darauf, am 10. April 1919, berichtet *Das interessante Blatt:*

Auch für einen gewissen Komfort hat der Breitwieser Schani Sinn gehabt. Sein Wohnzimmer war mit Mahagonimöbeln ausgestattet, das Schlafzimmer in Eschenholz gehalten. Seine reichhaltige Bibliothek bestand aus fachtechnischen Werken über Maschinenbau und Eisenkonstruktion. Seine Werkstätte im Keller barg eine Menge sinnreicher Einbruchswerkzeuge, die er größtenteils selbst konstruierte. Drehbänke, Schraubstöcke, Feldschmiede und ein vollständiger autogener Schweißapparat wiesen auf verständnisvolle Arbeit hin. Die Villa selbst, die Wohnungs- und Werkstätteneinrichtung haben Tausende von Kronen gekostet. Kein Wunder, daß von der Beute aus dem Einbruch in Hirtenberg, die 500.000 Kronen betragen haben mochte, nur noch 15.000 Kronen übrig waren.

Jetzt ruht er auf dem Meidlinger Friedhof, Abteilung 1, Gruppe 1, Nummer 48. Das war's aber noch nicht. Man könnte von einem verspäteten Ruhm des Einbrecherkönigs sprechen. Abgesehen vom schon erwähnten T-Shirt mit dem Text „Aus Not" verfügt der Schani über eine eigene Homepage. Sie lautet: *www.breitwieserschani.at.* Administriert wird sie unter anderem von Michael Strasser, der Breitwieser Schani war der Cousin seines Großvaters. Und ein Theaterstück wurde auch schon gespielt: Im Schauspielhaus Wien lief ab November 2014 das Schauspiel *Johnny Breitwieser. Eine Verbrecher-Ballade aus Wien* von Thomas Arzt und dem Musiker Jherek Bischoff.

Und Alfred Polgar schrieb über den Schani in seinem Essay *Ein Heldenleben:* „Er war unser tüchtigster, energischster, erfolgreichster Einbrecher. Wir hatten keinen besseren ... Worauf Gott eine Disziplinarstrafe über die arme Seele verkündet, aber sie dann im Paradies laufen lassen wird, wo die Polizisten Palmwedel haben und die Einbrecher Maschinengewehre."

XXX

Wien: 10 Heller.
Monatlich K 3.— mit Zustellung ins Haus.

Illustrierte
Kronen Zeitung

Auswärts 10 Heller.
20. Jahrgang. Nr. 6915

Administration: IX/1, Pramergasse 28. Telephon 18741.
Stadtbureau: I., Schulerstraße 19.

Wien, Donnerstag den 3. April 1919.
Redaktion Wien, IX/, Pramergasse 28.

Post-Abonnement vierteljährig K 8.50.
Bestellungen für weniger als drei Monate werden nicht angenommen.

Das Ende der Habsburger in Deutschösterreich.
Die Volkswehr gegen das Räte-System.

Breitwiesers Ende. — Sensationelle Enthüllungen aus seinem Leben.

Skizze des Tathergangs in der *Kronen-Zeitung*, zwei Tage nach der Festnahme Schani Breitwiesers am 1. April 1919. Breitwieser war am Weg zu seinem Fahrrad, als ihn die berittene Polizei erfasste, deren Kugeln den Einbrecher im Schusswechsel tödlich trafen.

GESUCHT:

SYLVESTER MATUSKA

GEBOREN: *1892*

BERUF: *Geschäftsmann*

GESUCHT WEGEN: *Eisenbahnattentate*

EIN ATTENTAT AUS LUST?

Warum sprengt jemand einen Zug in die Luft? Nein, ich rede nicht von jenem legendären Postzug in England, der einen mit Geld gefüllten Waggon beförderte. Außerdem wurde der auch nicht gesprengt, sondern ausgeraubt, und zwar am 7. August 1963 in der Nähe der Station Cheddington, und Ronald Biggs war einer der wenigen Überlebenden des Zugüberfalls. Am Schluss seines Lebens hatte der arme Ronnie Biggs so viel Geld wie eine Kirchenmaus.

Aber warum sprengt jemand einen ganzen Zug in die Luft? Wie jenen Schnellzug von Budapest nach Wien am 13. September 1931, um ein Uhr in der Nacht? Auf einer Brücke über einen ausgetrockneten Fluss in der Nähe der Ortschaft Biatorbágy, etwa 40 Kilometer westlich von Budapest?

Angefangen hatte die Serie der Zugattentate mit einem Anschlag, der offiziell gar nicht stattfand, weil er von den Behörden gar nicht registriert wurde. Nämlich in der Silvesternacht vom 31. Dezember 1930 zum 1. Jänner 1931. Und zwar auf der Strecke der Westbahn, genauer zwischen den Stationen Maria-Anzbach und Unter-Oberndorf. Dort wurden die Gleise der Schiene gelockert und zwei Laschen – sie verbinden die jeweiligen Schienenenden – entfernt, andere Quellen sprechen von einem Stein, der auf den Schienen deponiert wurde, der aber vom Streckengeher entfernt werden konnte. Da dem vorbeizischenden Eisenbahnzug nichts passierte, wurde über die Tat auch nicht viel Aufhebens gemacht, und so gibt es bis heute auch keine offiziellen Angaben.

Doch genau einen Monat später, in der Nacht vom 30. zum 31. Jänner, ereignete sich am selben Ort der nächste

Anschlag, und der war schon etwas schwerwiegender: Sagen wir Eskalationsstufe zwei. Die Lokomotive des von Wien nach Passau verkehrenden D-Zuges Nr. 117 entgleiste, einige Postbeamte im Postwagen erlitten dabei leichte Verletzungen. Was war passiert? Auf dem Gleis waren ein – nach anderen Angaben drei – Schraubstöcke befestigt, das Gewicht eines Schraubstockes betrug etwa 16 Kilogramm. Es entstand ein Sachschaden von ungefähr 3.500 Schilling. Es wurden keine Bekennerschreiben gefunden, doch die Polizeibehörden ermittelten, dass ein ihnen unbekannter Mann jenen Schraubstock in Wien gekauft und sich mit einem Taxi zum Ort des Anschlages hatte bringen lassen. Die Bundesbahnen setzten eine Belohnung von 5.000 Schilling aus. Die weiteren Fahndungsschritte verloren sich im Sand der Geschichte.

Jetzt überspringen wir ein paar Monate und wechseln auch den Tatort. Am 8. August 1931, also sechs Monate nach dem letzten Anschlag bei Maria-Anzbach, erfolgte das nächste Attentat nahe der deutschen Stadt Jütebog. Wir klettern also auf Stufe drei der Eskalationsskala. Sieben bis acht Personenwagen des D-Zuges von Frankfurt nach Berlin entgleisten, rutschten die Böschung hinunter und bohrten sich ins Erdreich. 109 Personen erlitten Verletzungen, zusätzlich entstand beträchtlicher Sachschaden. Die Behörden ermittelten: Ja, das war ein Sprengstoffattentat. Als Sprengkörper wurden zwei Eisenröhren von je 1,55 Meter Länge verwendet, eine elektrische

Es wurden keine Bekennerschreiben gefunden, doch die Polizeibehörden ermittelten, dass ein ihnen unbekannter Mann jenen Schraubstock in Wien gekauft und sich mit einem Taxi zum Ort des Anschlages hatte bringen lassen.

Leitung führte zu einem über hundert Meter entfernten Versteck in einem Gebüsch.

Die deutschen Polizeibehörden fanden eine an einer Telegrafenstange befestigte Zeitung der Nationalsozialisten, dazu einige mit der Hand hingeschmierte Nazi-Parolen. Hinweise auf eine Provokation der Nazis? Bei ihren Nachforschungen in Berlin knüpften die Behörden Kontakte zu einem Installateur in der Friedrichstraße 9, der jene Eisenröhren verkauft hatte. Die Geschäftsinhaber erinnerten sich an den Käufer, einen angeblichen irischen Offizier, den sie jedoch wegen der Sprachfärbung als Österreicher eingeschätzt hatten. Die Reichsbahndirektion setzte eine Belohnung von 100.000 Reichsmark aus. Aber auch hier verloren sich die weiteren Nachforschungen im Sand der Geschichte.

Und dann ereignete sich am 13. September, also fünf Wochen nach dem Attentat zu Jütebog, jene von mir anfangs erwähnte Explosion des Schnellzuges Budapest–Wien in der Nähe des ungarischen Ortes Biatorbágy. Die Spitze der Eskalation.

Die Explosion muss verheerend gewesen sein. Ich ziehe bei der Schilderung der Episode des Schreckens eine Kurzversion vor, die nur die Eckdaten berücksichtigt und die vielfachen menschlichen Tragödien ausklammert. Also: Ein Koffer mit zwei Kilogramm Ekrasit lag auf dem Bahndamm. Der Sprengstoff wurde gezündet, als der dritte Wagen des Expresszuges jene Stelle passierte, an der der Koffer deponiert war. Die Folgen in der gebotenen Kürze: Die Lokomotive wurde erst hochgerissen, dann durchbrach sie das Geländer der Brücke und stürzte in die Tiefe. Sie riss sieben Waggons mit. Die Kupplung nach dem siebenten Waggon hatte sich gelöst, die letzten fünf Waggons blieben stehen. Ich zitiere Wolfgang Kudrnofsky:

Was von dem niederstürzenden Zugteil in vierundzwanzig Meter Tiefe übrigblieb, war ein Trümmerhaufen aus Stahl, Holz und Menschenleibern. Die Explosion war von einer solchen Wucht gewesen, daß Schienentrümmer hoch in die Luft gewirbelt wurden und auf die Häuser der nahe gelegenen Ortschaft Torbagy fielen.

Insgesamt zählte man 21 Tote, unter ihnen befanden sich der Heizer und der Lokomotivführer. Die Zahl der Todesopfer wurde später auf 22 korrigiert, dazu kamen zahlreiche Schwer- und Leichtverletzte.

Ende des Schreckens, erster Versuch einer Entwarnung. Auf der Brücke fanden die ungarischen Behörden einen zweiten mit Sprengstoff gefüllten Koffer. Auf dem Kofferdeckel war ein Zettel befestigt mit einer auf Ungarisch verfassten Botschaft. In der deutschen Übersetzung:

Arbeiter, ihr habt keine Rechte und keine Arbeit. Wir werden sie Euch von den Kapitalisten erwirken. Wir werden ein solches Attentat monatlich wiederholen. Unsere Leute sind überall zur Stelle. Gibt man uns keine Arbeit, so werden wir auf diese Weise tätig sein. Fürchtet nichts, unser Benzin geht nicht aus! Der Attentäter.

Also, so dachten die ungarischen Behörden, das waren die Kommunisten! Und sie verhafteten sicherheitshalber fünfzehn prominente Budapester Kommunisten und suchten nach einem bekannten deutschen Kommunisten, der sich wiederholt mit falschen Papieren in Budapest herumgetrieben hatte. So sehr sich jedoch die Behörden bemühten, sie fanden bei keinem der erwähnten Personen irgendeine Verbindung oder eine Spur zur Explosion in Biatorbágy. Zudem war der Bekennerbrief auf dem Koffer in einer Diktion verfasst, die nie und nimmer dem Sprachgebrauch der Kommunisten in der damaligen Zeit entsprach.

Die ungarischen Behörden waren vorerst ratlos und das Innenministerium setzte 50.000 Pengö als Belohnung für sachdienliche Hinweise aus. Wolfgang Kudrnofsky erwähnt, dass man mit diesem Betrag fünf Luxusautos der Marke Rolls-Royce hätte kaufen können. Allein, es erfolgte kein einziger sachdienlicher Hinweis.

Oder doch.

Der Journalist Hans Habe behauptete in seinem Buch *Reportagen und Gespräche, Band 1,* dass er sofort nach der telegrafischen Meldung des Zugunglücks mit einem Wagen nach Biatorbágy gefahren sei. Ich überspringe seine Schilderung über den Anblick des Grauens, ich überspringe sein Gespräch mit dem ungarischen Kriminalrat Dr. Schweinitzer, der wohl als Einsatzleiter agierte, ich setze jedoch ein, als Hans Habe einem stämmigen, mittelgroßen Mann mit quadratisch gebautem Schädel begegnet, der sich als Sylvester Matuska (bitte wie Matuschka aussprechen) vorstellte. Und dieser Matuska, ein wenig im Gesicht blutend, schilderte intensiv und mit ausladender Gestik die Ereignisse nach der Explosion. Und dieser Matuska behauptete, selbst im Zug gesessen zu sein und die Bahnverwaltung klagen zu wollen, und dieser Matuska ließ sich von Hans Habe im Auto gleich nach Wien mitnehmen, da er in der österreichischen Hauptstadt wohnte: „Auf der langen Fahrt sprach er ununterbrochen. Immer wieder erzählte er die Einzelheiten der Katastrophe“, schreibt Habe in seinen Erinnerungen.

Weiter berichtet Hans Habe, dass er besagten Herrn Matuska am nächsten Tag im Terrassen-Café auf dem Margaretenplatz getroffen habe. Bei diesem Treffen ließ sich der noch immer erregte und wilde und wüste Einzelheiten schildernde Kaufmann vom Kellner ein Blatt Papier geben und entwarf Skizzen über den Tatort. Zusätzlich zeichnete er auch ein paar Leichen. Auf die Frage des Kellners, wie er in der Dunkelheit alles so genau habe sehen können, antwortete er, dass er Zündhölzer angezündet habe.

Doch Hans Habe wurde nun misstrauisch. Warum spielte sich dieser Sylvester Matuska so auf? Wer war dieser Sylvester Matuska? War er in das Attentat involviert?

Jetzt wird es Zeit für einen kleinen Sidestep und ich betrachte in angemessener Ruhe die Biografie des angeblichen Eisenbahnopfers.

Der ungarische Staatsbürger Sylvester Matuska wurde am 29. Jänner 1892 in dem kleinen Dorf Csantavér in der Nähe der Stadt Maria-Theresiopel, ungarisch Szabadka, geboren. Die Stadt heißt heute Subotica und ist die fünftgrößte Stadt Serbiens. Mit Erfolg absolvierte Matuska – sein Name verweist auf slawische Wurzeln – das Gymnasium, doch wurde er schon in jungen Jahren verhaltensauffällig. So schmierte er auf die Mauer der Dorfkirche „Sylvester Matuska, Ministerpräsident", ein anderes Mal metzelte er aus purer Hetz an die zwanzig Gänse nieder.

Nach dem Besuch einer Lehrerbildungsanstalt zog der 22-Jährige in den Ersten Weltkrieg. Er brachte es zum Oberleutnant und leitete ein Maschinengewehr-Bataillon. Nach einem kurzen Zwischenspiel als Lehrer heiratete er seine Kollegin Irene und kaufte ein Gut in der Puszta. Doch das Projekt Landwirtschaft scheiterte, Matuska übersiedelte nach Budapest und begann zu handeln: Mit Grundstücken, mit Delikatessen, mit dem Wein „Tigerblut". Und wieder verlor er viel Geld beim Projekt „Handelskaufmann".

Im Jahre 1928 kauften die Matuskas in Wien das zweistöckige Haus Margaretenstraße 81, in dem sie auch ihre neue Wohnung einrichteten. Das Haus steht übrigens bis heute in kaum veränderten Zustand und beherbergt eine „store-box". Auf der Höhe des Hauses befindet sich der Margaretenhof mit dem oben erwähnten Terrassen-Café. Zudem kaufte Herr Matuska im Frühjahr 1931 einen Steinbruch in Tradigist bei Rabenstein an der Pielach. Am 3. Juli wurde der Steinbruch kommissioniert, dadurch konnte der Eigentümer des Steinbruches legal Sprengmittel kaufen, vom Verkäufer mussten die Sprengmittel lediglich in ein Sprengbuch eingetragen werden. Zudem kaufte er eine Eisengießerei in Tattendorf, die jedoch damals schon eher einer Ruine denn einem funktionierenden Betrieb glich.

Obwohl sich Sylvester Matuska als umgänglicher Familienvater gab und sich innig um seine Frau Irene und seine Tochter Gabriele kümmerte, reiste er öfter nach Berlin und nach Budapest. In beiden Städten hatte er mehrere Frauenbeziehungen. Beim späteren Prozess hieß es im Gutachten des Psychiaters: übersteigerter Sexualtrieb vermischt mit impulsivem Geltungsdrang. Eine zuweilen gefährliche Kombination? Trotz seiner geschäftlichen Misserfolge sah er sich selbst dank seines Geltungsdranges als innovativer Erfinder, der vor allem das Eisenbahnwesen revolutionieren wollte. So plädierte er für eine Umstellung der alten Dampftraktion auf elektrischen Betrieb. Zudem bot er der französischen Eisenbahn eine seiner Erfindungen an: Auf einem dritten Eisenbahngleis sollten Informationen für Zugführer und Stationsvorstand mitlaufen, man könnte so gesicherte Informationen über den momentanen Aufenthalt des Zuges, über Baustellen an der Strecke und sonstige Daten übermitteln.

Beim späteren Prozess hieß es im Gutachten des Psychiaters: übersteigerter Sexualtrieb vermischt mit impulsivem Geltungsdrang. Eine zuweilen gefährliche Kombination?

Doch genug der biografischen Details. Ich kehre zum Ort der tragischen Explosion zurück. Auch der ungarischen Polizei unter Dr. Schweinitzer war das manische Verhalten des angeblichen Opfers des Attentates aufgefallen, der bereitwillig seine Identität bekanntgab: Sylvester Matuska. Da er auch ständig gegen die ungarischen Bahnen wetterte und ihnen mit einer Klage drohte, fuhr Oberinspektor Hein von der Budapester Polizei nach Wien und bat um Vorladung des besagten Herrn Matuska. Diese erfolgte am 1. Oktober 1931. Matuska wurde über seine Aufenthalte in Budapest und über sein Verhalten bei der Zugexplosion befragt – und verwickelte sich permanent in eklatante Widersprüche.

Am 6. Oktober 1931 kam Kriminalrat Dr. Schweinitzer himself nach Wien, Matuska wurde erneut vorgeladen. Die Behörden kamen bald zur Einsicht: Matuska muss der Täter gewesen sein. Sie verhängten über ihn die Präventivhaft. Da er so abenteuerliche Geschichten erzählte, schwankten sie jedoch bei der Einschätzung des vermeintlichen Täters: Waren sie mit einem Verrücktem konfrontiert oder simulierte dieser nur verwirrte Geisteszustände?

Einige Beispiele: Bei den Verhören gestand Sylvester Matuska, zehn Kilogramm Ekrasit sowie Sprengkapseln und Zünder gekauft zu haben. Er berichtete auch von den Adressen der Verkäufer. Man könnte die Spuren des Sprengstoffes noch an seiner Hose und den Hosensäcken finden. Von den Spermaflecken, die die ungarische Polizei an seiner Hose entdeckte, erzählte er nichts. Die Ermittler eruierten jenen Installateur in Berlin, bei dem Matuska die Eisenrohre gekauft hatte. Matuska erwähnte, dass er sowohl mit der Frau des Installateurs als auch mit dessen Tochter eine nicht näher erläuterte Beziehung hatte. Die Behörden fanden jenen Taxifahrer, der ihn am 31. Jänner 1931 nach Maria-Anzbach gebracht hatte. Und sie wiesen nach, dass er beim ungarischen Attentat nicht im Zug gesessen war, sondern vor der Brücke die Explosion beobachtet und die Wunde im Gesicht sich selbst zugefügt hatte.

Am 16. Oktober frohlockten der Vorstand des Sicherheitsbüros, Hofrat Wahl, und der Referent des Falles, ein Polizeioberkommissar Dr. Böhm: Sylvester Matuska legte ein lückenloses Geständnis ab. Über alle vier Eisenbahnattentate. Das erste übrigens zu Silvester. Zudem versicherte er, dass er noch drei weitere Eisenbahnattentate geplant habe, und zwar eines auf der Strecke Paris–Marseille, eines auf der Strecke Mailand–Ventimiglia und eines nächst Amsterdam. Ein Geistesgestörter oder ein gefährlicher Attentäter?

Dabei schaffte er es, das Publikum durch sein manisches Auftreten, durch seinen mit ungarischen Ausdrücken durchtränkten Wiener Dialekt und durch seine einfallsreichen Antworten aufs Beste zu unterhalten.

Am 15. Juni 1932 – nach längerer Untersuchungshaft – begann der Prozess gegen Sylvester Matuska. Dabei schaffte er es, das Publikum durch sein manisches Auftreten, durch seinen mit ungarischen Ausdrücken durchtränkten Wiener Dialekt und durch seine einfallsreichen Antworten aufs Beste zu unterhalten. Er gab die ihm zur Last gelegten Attentate zu, schob aber die Schuld auf einen gewissen Herrn Bergmann, der ihm seine Frau zum beliebigen geschlechtlichen Gebrauch überlassen und sodann die Anschläge befohlen habe. Durch diese Attentate solle die Bevölkerung auf ihre Schlechtigkeit aufmerksam gemacht und die Revolution der Guten und Frommen vorbereitet werden. Nochmals: Ein Geistesgestörter oder ein gefährlicher Attentäter? Laut Matuska sei auch der Bolschewist Leo Trotzki durch fünf Attentate berühmt geworden, ein ähnliches Schicksal sei ihm von Herrn Bergmann zugedacht worden. Schlussendlich wolle er eine Art Kommunismus auf religiöser

Basis gründen, um dieses Ziel zu erreichen, musste er ja durch imposante Taten auf sich aufmerksam machen, die ihm jedoch von Bergmann befohlen wurden. Ein kurzes Beispiel für seine beim Publikum teilweise goutierte Rhetorik:

Nie kann ich vergessen, daß das Blut von 24 Menschen um Rache zum Himmel schreit. Dieses unschuldige Blut hat das Lächeln von meinem Gesicht auf ewig verbannt. Welt, höre mich! Welt, erkenne mich! Welt, wisse, daß ich dein moderner Antichrist bin, ich, Sylvester Matuska, der Attentäter, der sündige Mensch. (Quelle: erichs-kriminalarchiv.de)

Und seine Frau Irene Matuska saß während der Verhandlungen im Gerichtssaal, heulte des Öfteren in imponierender Manier, fiel ab und zu in Ohnmacht und erzählte beim Aufwachen Geschichten über den braven Familienvater und sorgenden Ehemann.

Nein, Matuska sei nicht verrückt, so attestierten die Sachverständigen, die Professoren Hofrat Dr. Hoevel und Dr. Bischoff. Nur ein übersteigertes Selbstwertgefühl und ein bombastischer Sexualtrieb. Musste er seine Erregung immer mehr steigern und einige Eskalationsstufen aufbauen, um den Zustand einer halbwegs gelungenen sexuellen Befriedigung zu erreichen? Sollte er sich erregen bei der Explosion von Zügen und der Bergung von Schwerverletzten und Toten? Andere Motive wurden von den untersuchenden Behörden mehr oder weniger ausgeschlossen. Matuska ging es nicht um Geld, er wollte sich nicht bereichern, im Gegenteil: er verschuldete sich bei der Vorbereitung der Attentate. Und auch seine diversen Frauenbekanntschaften spielten nach genauer Untersuchung bei den ihm vorgeworfenen Taten keine Rolle.

Am 17. Juli 1932 wurde Matuska aufgrund einer geschlossenen Indizienkette zu sechs Jahren schweren Kerkers sowie anschließendem Landesverweis verurteilt. Und zwar nur für die beiden Anschläge bei Maria-Anzbach. Er verbrachte seine Haft in Stein an der Donau, wurde aber im Juli 1933 an Ungarn ausgeliefert, allerdings unter der Bedingung, dass er nicht hingerichtet würde. In Budapest begann ein zweiter Prozess gegen Matuska: wegen zweiundzwanzigfachen Mordes. Am 20. November 1934 wurde der Schuldspruch verkündet: Tod durch den Strang und zusätzlich zwanzig Jahre Zuchthaus. Später wurde sein Urteil vereinbarungsgemäß in „lebenslänglich" umgewandelt.

Damit endet jedoch der Fall Sylvester Matuska nicht. Im Gegenteil, die Mystifikationen rund um seine Person beginnen nach dem März 1945. Durch die geänderte politische Lage nach dem Ende des Zweiten Weltkriegs wurde der Attentäter aus der Haft entlassen. In den folgenden Jahren gab es nicht nur einen Matuska, sondern gleich mehrere. Oder gar keinen Matuska. Ein Mythos nahm seinen Lauf.

Ein Matuska tauchte in Sibirien auf – als Experte für Brückenbauten und Brückensprengungen. Ein Matuska erschien bei der nun herrschenden kommunistischen Partei – als Ingenieur und Experte für eh schon alles. Und ein Matuska wurde gesichtet in Nordkorea, als es im Jahre 1953 einer amerikanischen Patrouille gelang, einen Trupp Nordkoreaner einzukesseln, der gerade eine Brücke sprengen wollte. Dieser Trupp wurde von einem Weißen kommandiert, der sich beim Verhör mit „Sylvester Matuska" vorstellte.

Allen Mystifikationen zum Trotz: Ein Matuska sollte tatsächlich noch einmal auftauchen. Und zwar in einem Song des amerikanischen Punk-Rock-Sängers Jello Biafra, der sich allgemein als „demokratischer Anarchist" betrachtet. Im Jahre 1990 veröffentlichte er einen Song mit dem Titel „Sylvestre Matuschka". Ich zitiere die ersten Liedzeilen:

One more
Buried nugget
Of the dark history
Of the darkest side of man
Austria, 1931
Hungarian hero
World War I
Businessman
Family man
"Idealist?
Or just plain mad?"
To him, life must be a smash
He blew up trestles and railroad tracks
So he could masturbate
While watching trains wreck
It's a message from God
It's a message from God
It's a message from God
It is my duty

Dem ist von meiner Seite nichts mehr hinzuzufügen.

XXX

Silvester Matuska vor Gericht

Der Prozeß gegen den größten Verbrecher aller Zeiten beginnt am 15. Juni

Bericht über den Prozessbeginn gegen Sylvester Matuska im *Interessanten Blatt* vom 16. Juni 1932. Links wird Matuska nach einem Lokalaugenschein am Tatort Anzbach von Wachebeamten zum Polizeiwagen geführt. Oben ist der Vorsitzende Oberlandesgerichtsrat samt Aktenberg im Prozess gegen den Sprengmeister zu sehen. Unten der fantastische Plan Matuskas, die Niagara-Wasserfälle schiffbar zu machen, mit denen er sich während der Untersuchungshaft beschäftigte.

GESUCHT:

EMIL MAREK

GEBOREN: ***1903***

BERUF: ***Techniker und Erfinder***

GESUCHT WEGEN: ***Versicherungsbetrug***

DER BETROGENE BETRÜGER

Der ehrenwerte Landesgerichtsrat Baldur Mausgrub ordnete den Frauen und weiblichen Gemütern die Verübung von Giftmorden zu, weiters Tötungen im Schlaf und im Zustand der Sinnestrübung, z. B. unter Alkoholeinfluss der Opfer. Morde, die hingegen persönlichen Mut sowie Anstrengung erfordern würden, buchte er auf die männliche Seite.

Dieses Urteil hielt sich lange in den Analysen der Kriminalisten: Männer morden tapfer und verwegen, Frauen morden feige und hintertückisch. Besagter Landesgerichtsrat Mausgrub ist eine Figur aus dem „Protokollroman" *Untersuchung an Mädeln,* den der Mödlinger Jurist und Autor Albert Drach (1902–1995) im Jahr 1971 verfasst hat.

Besagter Landesgerichtsrat kannte die Martha Marek nicht. Dann hätte er gewusst: Auch für Giftmorde benötigt der Täter, besser die Täterin, ein hohes Maß an Planungssicherheit, Durchsetzungsvermögen und Verschlagenheit.

In meiner Geschichte wird hingegen ihr Mann Emil Marek die Hauptrolle spielen. Der ward am 17. Oktober 1903 in Wien geboren, studierte nach erfolgter Matura an der Wiener Technischen Hochschule und hatte sogar das Patent für eine Hochfrequenz-Schaltung um 5.000 Dollar nach Tokio verkauft. Auf die Frage nach seiner Profession antwortete er zumeist mit „Erfinder" oder „Gelehrter". Seine tatsächliche Barschaft dürfte jedoch äußerst gering gewesen sein.

Da lernte er 1923 die um fünf Jahre ältere Martha Löwenstein kennen und zog in ihre Mödlinger Villa in der Brühler Straße 110. Und bald darauf heirateten sie. Von nun an blieb ihm nichts anderes übrig, als dem luxuriösen Lebensstil seiner Frau mit all seiner Geschicklichkeit Folge zu leisten.

Wer war diese Martha Löwenstein? Sie ward 1897 in Wien als Karoline Löwenstein geboren – ihre jüdische Herkunft sollte 41 Jahre später noch eine große Rolle spielen. Die Ursache für den Wechsel der Vornamen – von Karoline zu Martha – kennen wir nicht.

1909 lernte die zwölfjährige Martha Löwenstein in der Wiener Straßenbahn den um fünfzig Jahre älteren Moritz Fritsch kennen. Bald nahmen die Verhängnisse ihren Lauf: Der alte Fritsch verfiel den jugendlichen Reizen des anmutigen Mädchens – unter kräftiger Mitwirkung der Mutter der kleinen Martha. Und flugs holte er das Mädchen in seine prachtvolle Mödlinger Villa in der Brühler Straße 110. Worauf er vom geschickt agierenden Team Mutter & Tochter wegen Vergewaltigung einer Minderjährigen erpresst wurde.

Man einigte sich intern. Die fesche Martha erhielt Schmuck, eine Apanage, und zu guter Letzt wurde sie vom alten Moritz Fritsch als Alleinerbin der Mödlinger Villa eingesetzt.

Es kam, wie es kommen musste. Der begüterte Gönner starb am 5. August 1923 und die nunmehr 26-jährige Martha konnte sich eines schier unermesslichen Reichtums erfreuen. Das tat sie auch. Drei Monate nach dem Tod des alten Fritsch heiratete sie den 20-jährigen Emil Marek.

Womit ich mit der Geschichte fortsetzen möchte. Der junge Emil beendete daraufhin sein Studium an der TU. Er ließ sich einen Vollbart wachsen, um älter auszusehen, er versuchte, mit Waffen zu handeln, mit Häuser zu handeln, gemeinhin werden solche Akteure als „Schieber" bezeichnet. Er betrieb auch seriöse und ernsthafte Projekte: So wollte er die Wasserkraft des Flusses Lafnitz ausnutzen und ein E-Werk errichten, das an die 70 burgenländische Gemeinden mit Strom versorgen sollte. Doch trotz der Zusage der Gemeinden konnte er das Projekt nicht verwirklichen, weil die Versicherung ihre Unterstützung zurückzog.

Nach über einem Jahr des gemeinsamen Lebens in Saus & Braus schwanden dem strammen Emil und der feschen Martha die finanziellen Mittel. Und siehe da: In der Villa in der Brühler Straße 110 entzündete sich aus unerklärlichen Gründen ein Brand, der einen Großteil des Inventars vernichtete. Erfreulicherweise hatten die Mareks einen Monat vor dem Brand eine Brandschaden-Versicherung abgeschlossen – und die Versicherung musste zahlen.

Doch im Jahre 1925, zwei Jahre nach der Heirat des Paares, war schon wieder das gesamte Geld verputzt. Nun sollten die beiden Mareks zeigen, was sie mit ihrer Mischung aus Entschlossenheit und Durchtriebenheit erreichen konnten. Am 11. Juni 1925 versicherten sie Herrn Emil Marek beim „Anglo-Danubian-Lloyd“. Und zwar gegen „Tod“ und „bleibende Invalidität“.

Nach über einem Jahr des gemeinsamen Lebens in Saus & Braus schwanden dem strammen Emil und der feschen Martha die finanziellen Mittel.

Und was passierte zwei Tage später, am 13. Juni 1925? Herr Emil glitt beim Holzhacken mit der Axt ab und hieb sich in den linken Fuß. Im Mödlinger Krankenhaus konstatierte der Primar der Chirurgie: Der Unterschenkel ist völlig durchtrennt und wird nur noch von Hautrücken zusammengehalten, also Amputation des Unterschenkels. Noch am selben Tag erhielt die Direktion der Lloyd-Versicherung ein Telegramm aus Mödling: Herr Emil Marek hatte einen Unfall, man verlange die Versicherungssumme von 400.000 Dollar, die durch den Eintritt der dauernden Invalidität fällig geworden sei.

So nicht, dachte die Direktion der Lloyd-Versicherung. Sie schickte sofort einen Mitarbeiter ins Mödlinger Krankenhaus, um den Fall, sprich den amputierten Unterschenkel, zu begutachten. Dieser konstatierte, dass der Unterschenkel durch mehrere Hiebe abgetrennt wurde. Dann beantragte die Direktion eine Begutachtung des Unfalls und zeigte Herrn Emil Marek wegen Versicherungsbetrugs an.

Die umfangreichen Ermittlungen des Gerichts dauerten mehr als 16 Monate, die trauernde und wehklagende Engelsgestalt Martha Marek beteiligte sich nur zaghaft an der Klärung des Sachverhaltes, und am 28. März 1927 konnte im Wiener Landesgericht der Prozess beginnen. Jetzt schlug die große Stunde der Laiendarstellerin, die sich immer mehr in den Vordergrund schob. Da die engelsgleiche verzweifelte und rührige Unschuld – dort die hartherzige, sture, nur auf ihren Gewinn bedachte Versicherung. Die beiden Mareks contra Lloyd, ein Match wie David gegen Goliath, und die Zuhörer wischten mit den Taschentüchern über ihre Tränen auf den Wangen. Selbst die Medien und die Gerichtsreporter konnten ihre Sympathien nicht verbergen. So beschrieb der bekannte Autor Felix Salten – ab 1927 immerhin Präsident des österreichischen PEN-Clubs – in der *Neuen Freien Presse* am 28. März 1927 die Martha Marek als „auffallend schöne Frau. Das weiß gepuderte Gesicht ist vollkommen regelmäßig und durchscheinend.“ Die kann doch unmöglich eine Versicherungsbetrügerin sein! Am selben Tag schrieb Felix Sal-

Die beiden Mareks contra Lloyd, ein Match wie David gegen Goliath, und die Zuhörer wischten mit den Taschentüchern über ihre Tränen auf den Wangen.

ten über unseren Emil: „Auf einer primitiven Tragbahre, mit weißem Ledertuch ausgeschlagen, im breiten Sessel, den herbe Holzträger halten, wird der Angeklagte hereingebracht. Er sitzt im modisch eleganten Rock hochaufgerichtet mit einer Steifheit und Würde, als wäre er irgendein offizieller Funktionär."

Ein kurzer Einwurf: Während des Verfahrens wurde ein ans Landesgericht abgeschickter anonymer Brief vorgelesen: „Die Stimme des Gewissens läßt mir keine Ruhe und keinen Frieden, ich bin gezwungen im Prozeß Ihnen Wichtiges mitzuteilen", hieß es im Brief. „Frau Marek hat ihrem Mann selbst das Bein abgeschlagen, und ich lieferte ihr eine Rekordspritze mit Morphium, mit welchem sie ihrem Mann eine Einspritzung machte, am Fuße, wo vorher die Stelle mit Tintenblei bezeichnet wurde. ... Für meine Beihilfe erhielt ich 200 Schilling."

„Dort steht das Kruzifix, ich hebe die Finger der rechten Hand und ich schwöre, dass hier ein Unfall vorliegt und kein Betrug, so wahr mir Gott helfe!"

Doch wie das so ist bei anonymen Briefen: es fehlt ihnen ein bisserl die Glaubwürdigkeit. Der Urheber ist bis heute unbekannt, Polizei und Gericht tippten jedoch mit ziemlicher Sicherheit auf den „Goldfüllfederkönig", also auf Ernst Winkler, dessen Fall in diesem Buch bereits erörtert wurde. Ernst Winkler war durch mehrere anonyme Briefe bei anderen spektakulären Fällen amtsbekannt. Sollte der anonyme Briefschreiber den Ablauf der Tat korrekt geschildert haben?

Ende des Einschnittes, zurück zum Verfahren. Die überzeugte und fast alle überzeugende Unschuld zeigte ihre Darstellungskunst. Ihr Mann Emil sekundierte als armes und verhärmtes Opfer. Wir lesen im *Neuen Wiener Journal* vom 10. April 1927 Emils pathetische Worte: „Dort steht das Kruzifix, ich hebe die Finger der rechten Hand und ich schwöre, dass hier ein Unfall vorliegt und kein Betrug, so wahr mir Gott helfe!"

Es erfolgte tatsächlich der Freispruch der beiden Mareks, die Kiebitze und die am Fall Anteil nehmende Bevölkerung bejubelte das junge Paar und überhäufte es mit Blumen und anderen Geschenken. Man hörte Rufe wie „Hoch die Mareks!" und die Frauen im Zuschauerraum weinten vor Rührung. Und das *Neue Wiener Journal* berichtete am 10. April 1927 weiter:

Nun stürzt Martha Marek zu ihrem Mann hin und überschüttet sein Gesicht mit Küssen. Auch Paula Löwenstein liebkost ihren Schwager, bis die Justizwachebeamten die Frauen sanft zurückdrängen, die Sänfte emporheben und Marek hinaustragen. Das Publikum bricht nun, ohne von jemanden gehindert zu werden, in Beifallsrufe und Ovationen für Marek aus. Im Abgehen ruft Paula Löwenstein noch in den Saal: Der liebe Gott hat uns doch geholfen.

Von wegen Hilfe des lieben Gottes: Das böse Versicherungsunternehmen musste auch noch die Summe von 180.000 Dollar an die Mareks auszahlen!

Kleiner Makel: Der Freispruch betraf allerdings nur die Anklage wegen Versicherungsbetrugs gegen Emil Marek. Verurteilt wurden die Mareks wegen der Verleitung zur falschen Zeugenaussage: Die Mareks hatten einen Spitalsgehilfen überredet, den Tatvorgang, also das Zersplittern des Beines, etwas verfälscht zu schildern. Der Unterschenkel wurde tatsächlich durch vier oder fünf Hiebe durchtrennt, die mehrmaligen Hiebe deuteten auf eine absichtlich erfolgte Abtrennung hin. Vor Gericht schilderte hingegen der verkrüppelte Emil, er sei nur einmal versehentlich ausgerutscht. Diese – falsche – Version bestätigte der bestochene Spitalsgehilfe. Und er ergänzte, die Ärzte im Mödlinger Spital hätten dem Unterschenkel noch ein paar Hiebe hinzugefügt. Dadurch glaubten sie, von der Versicherung fürstlich entschädigt zu werden. Der Spitalsgehilfe – er hieß Karl Mraz – verwickelte sich jedoch in Widersprüche, sodass seine Version vom Gericht als nicht haltbar betrachtet wurde.

Das Gericht verurteilte Martha Marek zur Haft von sieben Monaten, sie erhielt jedoch Haftaufschub. Der einbeinige Emil wurde zu vier Monaten verurteilt, jedoch vom Bundespräsidenten Michael Hainisch wegen seiner Hinfälligkeit begnadigt.

Nun lebte das Paar wieder in der Mödlinger Villa und versuchte, das gewohnte Leben in Saus & Braus wieder aufzunehmen. Die 180.000 Dollar waren jedoch bald aufgebraucht. Der arme Emil, dessen Aufgabe es war, stets die finanziellen Mittel zu besorgen, gründete ein Taxiunternehmen. Und scheiterte wegen der Konzessionsvergabe. Er kaufte ein Lastauto. Mit diesem fuhr er in den Konkurs. Er reiste nach Algier, um dort als Radiotechniker für die Firma Horny zu arbeiten. Die Firma in Algerien wurde zwangsversteigert. Und das Geld war bald pfutsch.

Martha Marek musste am 1. August 1930 nach vielen durch schwere Krankheiten erfolgten Strafaufschüben ihre Haftstrafe antreten. In ihrer Zelle traf sie eine gewisse Leopoldine Lichtenstein. Die erzählte ihr von den Wirkungen einer Rattengiftpaste namens „Zelio" oder „Zelio-Paste", mit der sie ihren Mann getötet hatte. Diese Zelio-Paste enthielt Thallium, ein Schwermetall, das bei der Einnahme zu schwersten Schädigungen des Nervensystems führt. Und das man als Rattengift ganz normal in jeder Drogerie kaufen konnte. Und Martha Marek sollte sich diese sachdienlichen Hinweise recht gut merken. Die intimen Beziehungen in der Zelle zwischen Frau Lichtenstein und Frau Marek wollen wir nicht weiter kommentieren, weil sie für unsere Geschichte keine Rolle spielen.

Aus der Haft entlassen, war die arme Martha mit ihrem gesellschaftlichen Abstieg konfrontiert. Die Mödlinger Villa war längst weg, sie hatte einen verkrüppelten Ehemann, einen Taugenichts, der beruflich einen Fehlschlag nach dem anderen baute, sowie in der Zwischenzeit zwei Kinder zu versorgen: den 1929 geborenen Alfons sowie die 1932 geborene Ingeborg.

Wieder gelang dem verkrüppelten Emil eine halbwegs taugliche Lösung. Mit Frau und den Kindern zog er im Februar 1932 in die Kleingartensiedlung „Am Ameisbach" im 14. Gemeindebezirk, wo sie in einem Schrebergartenhäuschen der Eltern von Emil Marek logieren durften. In einem Schrebergartenhäuschen konnte Martha Marek freilich nicht glücklich werden.

Und es sollte noch schlimmer kommen. Im Juli 1932, also nach ein paar Monaten Aufenthalt im Schrebergarten, erkrankte ihr bis dahin rüstig mit einem Bein im Leben stehender Emil. Er war teilweise gelähmt, konnte kaum mehr sprechen und wurde von Krämpfen und Magenschmerzen gequält. Auch ihre kleinen Kinder litten an diesen Symptomen. Das tragische Verhängnis nahm ungebremst seinen Lauf. Ihr Emil starb am 31. Juli 1932, ihr junges Mädchen Ingeborg am 2. September. Die Ärzte diagnostizierten „Lungenentzündung" beziehungsweise „Erstickungstod nach schwerer Lungeninfektion".

Martha Marek hatte in dieser Tragödie die Rolle der aufopfernden Pflegerin übernommen, die Tag und Nacht für ihre von Schmerzen gepeinigten Angehörigen sorgte. Die Zeitungen berichteten über die schwere Last der nunmehrigen Witwe, die Berichte bewirkten eine Serie von Spendenaktionen. In ihrer „Verzweiflung" wandte sich Martha Marek an ihre Großtante Susanne Löwenstein, die als Witwe eines Oberstabsarztes in der Hietzinger Straße 17 residierte. Martha trat als „Gesellschafterin" dieser begüterten Großtante auf, vielleicht unterstützte sie die Großtante auch bei Spaziergängen im nahen Schlossgarten von Schönbrunn.

Am 6. Juni 1934 wurde sie von Susanne Löwenstein als Universalerbin eingesetzt. Kurz darauf verstarb überraschend die bislang noch rüstige Großtante – schwere Magenkrämpfe und Lähmungserscheinungen kündigten ihren Tod an. Als Alleinerbin konnte sich Martha Marek wieder eine bessere Wohnung leisten: in der Kupelwiesergasse 27 im noblen Hietzinger Bezirk.

Nun drehte sie den Spieß um und sie suchte ihrer neuen gesellschaftlichen Stellung gemäß per Inserat eine Untermieterin, die für sie als Gesellschafterin agieren sollte. Und fand im Frühjahr 1936 die 54-jährige Schneiderin Felizitas Kittenberger. Zusammen mit ihrem neuen Galan Jenö Neumann – wer bleibt denn gerne allein – überredete sie die arme Schneiderin, eine hohe Lebensversicherung abzuschließen. Die Begünstigte war selbstverständlich Frau Martha Marek.

Bald darauf erkrankte auch Felizitas Kittenberger, wieder waren Lähmungserscheinungen und Magenkrämpfe die Symptome, dazu kam, dass sie ihre Sehkraft verlor. Anfang August starb Felizitas Kittenberger im Spital. Und Martha Marek kassierte die erste Tranche der Lebensversicherung.

Doch Frau Marek hatte nicht mit den hartnäckigen Nachforschungen des Sohnes ihrer Untermieterin gerechnet. Dieser war vom natürlichen Tod seiner Mutter nicht überzeugt und drängte den Untersuchungsrichter zur Exhumierung der Leiche seiner Mutter.

Warum Untersuchungsrichter? Martha und ihr fescher Jenö saßen mittlerweilen in U-Haft. Sie hatten einen Einbruch in ihrer Wohnung angezeigt und forderten von der Versicherung eine hohe Geldsumme. Doch die ermittelnden Kriminalpolizisten witterten Widersprüche in den Aussagen des Duos und schlossen auf eine Vortäuschung des Einbruches – das reichte vorerst für die U-Haft.

Zum Gutachten des Gerichtsmediziners: Der konnte tatsächlich eine tödlich wirkende Menge an Thallium im Körper der Kittenberger nachweisen. Worauf das Gericht hellhörig wurde und auch die übrigen drei Leichen exhumieren ließ: Also unseren Emil, die Tochter Ingeborg und die Großtante. Und in jeder Leiche wurde eine tödliche Dosis an Thallium nachgewiesen.

Worauf die Anklage gegen Martha Marek auf vierfachen Mord ausgedehnt wurde.

Das Merkwürdige an der Mordserie war, dass Martha Marek alle einfachen und praktikablen Lösungen kategorisch ausgeschlossen hatte. Um ihren Mann loszuwerden, hätte sie eine Scheidung beantragen, um ohne Kinder zu leben, hätte sie die Kinder in eine Verwahrungsanstalt geben können. Nichts von alledem: Sie entschied sich für die endgültigste und allzeit absolute Lösung: Mord.

War es wirklich nur der Drang zu einem Leben in Glitzer und Glamour? Oder wird dieser Drang überlappt von der Faszination, die im Gelingen dieser endgültigen Lösung begründet liegt und die die faszinierte Person dazu drängt, diese endgültige Lösung fast beliebig oft zu wiederholen?

Über das tragische Ende von Emil Marek, dem betrogenen Betrüger, habe ich bereits berichtet. Kurz möchte ich auch das Ende seiner vergötterten Frau schildern. Diese saß nicht mehr in U-Haft, da sie über starke Lähmungserscheinungen und eine vollkommene Erblindung klagte – kurioserweise just über jene Symptome, die sich bei der Einnahme von Thallium einstellen. So wurde sie ins Gefängnisspital überstellt.

Im Mai 1938 begann der zweite Sensationsprozess in der Sache Martha Marek. Doch nun hatten sich die Vorzeichen geändert. Die vielen mitleidigen Verehrer des ersten Prozesses mutierten zu gnadenlosen Abrechnern. Zudem hatten sich auch die politischen Verhältnisse geändert: Im März 1938 war

Die auffallend schöne Martha Marek agierte zunächst im Doppel mit ihrem Ehemann Emil als geschickte Versicherungsbetrügerin. Für den Giftmord an ihm und drei weiteren Personen musste sie schließlich ihr Leben lassen.

Zeitschriftensaal.

Nr. 15. Wien, Sonntag, 10. April 1927. XXXII. Jahrgang.

V. Chiavacci

Wiener Bilder

Illustrierte Wochenschrift

KREUZWORT-PREISRÄTSEL
SEITE 19

Der Sensationsprozeß Marek in Wien.

Der Lokalaugenschein auf dem Tatorte in der Villa Marek in Mödling, bei welchem in Gegenwart der Angeklagten Martha Marek mit ihrem Verteidiger Teirich die ganze Prozedur des Abhackens des Beines ihres Gatten Emil Marek vorgeführt wurde.

Seite 5: Der Sensationsprozeß Marek. 6 Photos.

Die Angeklagte beim Lokalaugenschein in der Villa Marek im Prozess um das abgehackte Bein ihres Ehemanns. Abbildung in der Wochenzeitschrift *Wiener Bilder* am 10. April 1927.

Doch nun hatten sich die Vorzeichen geändert. Die vielen mitleidigen Verehrer des ersten Prozesses mutierten zu gnadenlosen Abrechnern.

Österreich von den Nazis annektiert worden, das nunmehr als Teil des Deutschen Reiches fungierte und in dem daher auch die Gesetze des Deutschen Reiches angewendet wurden. Und so manche Zeitungen verwiesen mit Hingabe auf die jüdische Herkunft der infamen Giftmörderin Martha Marek.

Da sie sich als blind und gelähmt bezeichnete, wurde sie in einem eigens angefertigten Krankenstuhl in den Gerichtssaal geschoben. Ihr konnte nachgewiesen werden, dass sie kurz vor dem Tod ihrer Untermieterin in einer Drogerie in Hietzing mehrere Tuben der „Zelio-Paste" bestellt und in ihre Hietzinger Wohnung liefern hatte lassen. Da half es auch nicht, dass Martha Marek den Antrag stellte, die Wirkung des Thalliums selbst zu testen und selbiges einzunehmen – ein äußerst merkwürdiger Antrag, der bei der Ausführung sicher zur tatsächlichen Erblindung und Lähmung oder gar zum Tode geführt hätte. Das Gericht lehnte ihren Antrag ab.

Sie versuchte mit Vehemenz, ihre Rolle im ersten Prozess, die der trauernden Unschuld, zu wiederholen. Doch die Umstände hatten sich geändert. Der Vorsitzende bezeichnete Martha Marek als „große Komödiantin, die Gott und die Welt zum Besten halte". Und der nunmehr verfemte Felix Salten durfte in den Medien der „Ostmark" nichts mehr veröffentlichen. Die *Kronen-Zeitung* vom 19. Mai 1938 zitierte reißerisch, aber ohne antisemitische Untertöne, die Rede des Staatsanwaltes Dr. Wotawa: „Diese scheinbar so schwer kranke, halb erblindete, gelähmte Frau, sie ist viel schlimmer und schlechter, als je ein Unhold war, der vor der Barre dieses Gerichtes stand. Gelebt, um zu töten! Der reißende Wolf, die scheußliche Kobra, der blutgierige Tiger, sie töten, weil sie nach den Gesetzen der Natur töten müssen, um leben zu können. Dieses Wesen hier aber lebte, um zu töten ... Kobra in Menschengestalt, Verkörperung des Bösen, Verneinung des Lebens!"

Doch der *Völkische Beobachter* vom 20. Mai 1938 zeigte in seinem Bericht schon die neuen Prioritäten:

„Im Giftmordprozeß gegen die Halbjüdin Martha Marek und den wegen Versicherungsbetruges Mitangeklagten Juden Jenö Neumann wurde Donnerstag Mittag vom Schwurgerichtshof unter Vorsitz von Oberlandesgerichtsrat Dr. Mittendorfer das Urteil verkündet."

Da konnte es keine Gnade geben. Martha Marek wurde wegen vierfachen meuchlerischen Mordes (Ehemannn, Tochter, Löwenstein, Kittenberger) zum Tode verurteilt, ihr Lebensgefährte Jenö Neumann wegen Versicherungsbetruges zu drei Jahren Kerkerhaft.

Jetzt folgte ein kleines Problem. Die Hinrichtung musste nach den neuen Gesetzen durch das Fallbeil, sprich die Guillotine, erfolgen. Die gab es aber im Wiener Landesgericht nicht. Die Guillotine stand in Österreich nie in Verwendung und im 20. Jahrhundert wurden Todesurteile gegen Frauen nicht mehr vollstreckt – sie wurden erst vom Kaiser, dann vom jeweiligen Bundespräsidenten in Kerkerstrafen umgewandelt. Deswegen musste das Fallbeil von Berlin-Tegel erst nach Wien transportiert werden. Die nazi-interne Bezeichnung lautete „Gerät F". Und der Scharfrichter Johann Reichhart, später der meistbeschäftigte Henker im Deutschen Reich – insgesamt soll er an die 3.000 Menschen enthauptet haben –, war mit der für ihn neuen Hinrichtungsmethode „Fallbeil" noch nicht vertraut, so reiste er extra zu „Studienzwecken" nach München.

Am 6. Dezember 1938 war es dann so weit. Reichhart und seine Gehilfen schleppten die zu exekutierende Martha Marek auf einem Spezialstuhl zur Bank unter dem Fallbeil. Die angeblich Gelähmte strampelte noch kräftig mit den Beinen. Ein paar Sekunden später war ihre Halswirbelsäule durchtrennt. Martha Marek hat ihr 41. Lebensjahr nicht vollendet.

XXX

GESUCHT:

UDO PROKSCH

GEBOREN: ***1934***

BERUF: ***Unternehmer und Netzwerker***

GESUCHT WEGEN: ***Mord und Versicherungsbetrug***

LEBENSLANG FÜR DEN WUNDERWUZZI

Wer auf den südlichsten Gipfel des Anninger-Massivs wandert, den Pfaffstättner-Kogel, auch Tschopperl-Anninger genannt, der kann auf dem Gipfel in der Rudolf-Proksch-Hütte einkehren. Von dort blickt er in die epische Weite des Wiener Beckens hinunter. Beim Vor-Pächter hätte er noch ein Proksch-Bier bestellen können, jetzt kann er einen Kaffee trinken und des Namensspenders der stattlichen Hütte gedenken. Herr Rudolf Proksch war Obmann der Ortsgruppe Baden des Alpenvereins und wurde am 23. Mai 1925 mit nur 47 Jahren zu Grabe getragen.

Seinem Enkel konnte er demnach nie begegnen, nie die Hand schütteln, nie ein Hüttenlied vorträllern. Sein Enkel wurde fast auf den Tag genau neun Jahre später nach dem Begräbnis des Großvaters geboren: Am 29. Mai 1934 im fernen Rostock. Wandert man von der Rudolf-Proksch-Hütte ein wenig in Richtung Süden, gelangt man über Baden, Bad Vöslau und Berndorf nach Piesting – eine schöne Wanderung. In diesem Piesting kaufte sein Enkel, der ebenfalls Rudolf Proksch hieß, vornämlich jedoch auf Anfang und Schluss verzichtete und sich so zu einem eloquenten Udo reduzierte, eine ziemlich marode Anlage, auf der früher das Harz der Kiefern des Piestingtals raffiniert wurde. Auf diesem Gelände errichtete die Firma „Pinosa" – hinter ihrer Konstruktion versteckte sich unser Herr Udo Proksch – im Jahre 1975 ein technisches Wunderding zur Aufbereitung von uranhaltigen Erzen, die von den Medien als „Uranerzmühle" bezeichnet wurde. Dieses Wunderding verkaufte Udo Proksch an eine Firma in Hongkong – samt den detaillierten Plänen für die Aufbereitung, die insgesamt

70 Kilo wogen. Jahre später wurde bekannt: Jene Firma im fernen Hongkong gehörte auch Herrn Udo Proksch. Von Piesting aus wurde das obskure und äußerst wertvolle und daher hoch versicherte Zaubergerät über Land in den italienischen Hafen Chioggia transportiert. Dort verlud man die Uranerzmühle auf ein Schiff namens „Lucona", das alles nach Hongkong hätte bringen sollen. Leider explodierte die „Lucona" am 23. Jänner 1977, 15.50 Uhr Ortszeit, unweit der Malediven und versank in den Tiefen des Indischen Ozeans. Der Kapitän und seine Frau konnten sich rechtzeitig auf ein Floß retten, sechs Männer der Schiffsbesatzung verloren jedoch ihr Leben.

Zu diesem Thema sagte am 27. Februar 1983 der damalige Wiener Bürgermeister Leopold Gratz vor Gericht, ich zitiere den *Spiegel* vom 26. August 1985:

Er sei im Oktober, eventuell aber auch im August 1976, im Hafen Chioggia gewesen und mit Proksch und Daimler durch eine Halle geschritten. „Im Vorbeigehen" habe er „Stangen", „Motoren", „Maschinen" sowie „größere Holzkisten" gesehen. Über die Art der Maschinen wisse er lediglich, „daß die beweglichen Teile gelb, die anderen Teile möglicherweise grau lackiert waren". In die Kisten habe er „nicht hineinsehen" können. Dennoch, „daß es sich bei der verschifften Ware um Schrott gehandelt haben soll", treffe seiner „Rückerinnerung nach keineswegs zu".

Was war es denn?

Ich will nicht zum x-ten Mal über den Fall oder die Versenkung der „Lucona" berichten. Ich mag auch nicht eine Biografie über Udo Proksch schreiben. Der streng chronologische Weg führt nicht immer direkt zum Ziel. Manchmal ist ein Mosaik zielführender, dessen Einzelteile in verschiedenen Farben schimmern und die erst in der Komposition ein hinreichendes Bild mit vielen Tupfern ergeben. Bei meinem Mosaik könnten aber ein paar Einzelsteine fehlen: Das sind die Steine der Diskretion.

Also. Sein Vater – Sohn des Namensspenders der Berghütte, geboren am 16. August 1908 in Baden bei Wien, vornämlich ebenso ein „Rudolf" – war ein Nazi, seine Mutter ebenfalls. Im Krieg agierte Vater Proksch als „Stabeinsatzführer" im „Einsatzstab Reichsleiter Rosenberg". Aufgabe dieser Organisation war, den Raub von „herrenlosen jüdischen" Kulturgütern aus den besetzten Gebieten möglichst effizient zu betreiben. Nach dem verlorenen Krieg wurde er im Lager Glasenbach in Salzburg, dem Camp Marcus W. Orr, mit vielen anderen Nazis interniert und war nach der Entlassung – ich spreche absichtlich nicht von Entnazifizierung – mit der neu gegründeten Partei VdU verbandelt, bei der viele Altnazis Unterschlupf fanden. Und er war zwar kein Spezi, aber doch ein Bekannter des ehemaligen freiheitlichen Parteichefs Jörg Haider. Am 25. Jänner 1988 richtete er an ihn einen Brief („Lieber Jörg!"), in dem er sich über den der FPÖ nahestehenden Journalisten Hans Pretterebner beschwerte, der seinen Sohn mit einem Enthüllungsbuch massiv belastete. Auch Sohnemann Udo Proksch wandte sich brieflich an Jörg Haider, und zwar am 22. November 1989, als Absender gab er an: „z. Zt. Lager: Graues Haus". Ich zitiere aus dem Brief: „Einzelheiten über Sie habe ich bis dahin nicht gekannt, nur mein Vater (Mitbegründer Ihrer Partei, die damals noch VdU hieß), hat mir über Sie berichtet, und zwar in einer Art, als würde er von einem Sohn sprechen."

Vater Rudolf sollte mit Sohn Udo sowohl in guten Zeiten als auch in schlechten Zeiten in engem Kontakt stehen, der Ton dabei war familiär, manchmal sogar herzlich. Der Vater starb mit 92 Jahren anno 2000, ein Jahr später – am 27. Juni 2001 – folgte ihm sein Sohn.

Also Udo Proksch. Auf der einen Seite entsprach sein Aussehen kaum jenen Kriterien, die das männliche Schönheitsideal definieren. Er war klein, viel zu klein, dazu extrem rundlich, mit schütterem Haupthaar. War es sein Charme oder doch sein Sex-Appeal, dem die Frauen verfielen, die allesamt aus den besten, teilweise sogar adeligen Kreisen stammten?

Ich möchte auf einige seiner Affären, Ehen, Pantscherl verweisen. Bekannt ist die Ehe mit Burgtheaterschauspielerin Erika Pluhar, die von 1962 bis 1967 dauerte. Die gemeinsame Tochter Anna Proksch starb im Jahre 1999 an einem Asthmaanfall. Dann folgte die Ehe mit der aus der Richard-Wagner-Dynastie stammenden Schauspielerin Daphne Wagner, die von 1967 bis 1968 hielt. Während der Ehe mit Ariane Glatz kam Sohn Stefan Drusius Ingomar Proksch zur Welt, laut Udo Proksch wurde der eigenartige Vorname gewählt, weil er mit Dr. Ing. abgekürzt werden könne und so dem Sohnemann das Studium ersparen würde. Besagter Stefan Drusius Ingomar war indes dunkelhäutig, es könnte sein, dass der geniale Tricksler selbst in einer Falle landete und ausgetrickst wurde, der Vater war nämlich ein Schwarzafrikaner und Udo distanzierte sich nach der Geburt von der Vaterschaft. Mit sechs Jahren wird der Nicht-Sohn in ein Auto laufen und dabei tödlich verunglücken.

> **Auf der einen Seite entsprach sein Aussehen kaum jenen Kriterien, die das männliche Schönheitsideal definieren. Er war klein, viel zu klein, dazu extrem rundlich, mit schütterem Haupthaar.**

Dann folgte Frau Cäcilie Christine Caroline Maria Immaculata Michaela Thadäa Altgräfin zu Salm-Reifferscheidt-Krautheim und Dyck, kurz Cecily, in der Korrespondenz CIC genannt. Mit ihr war Udo nicht verheiratet, doch der

Liaison entstammten zwei Kinder: der Sohn Benvenuto Ivan Walodia Mc-Rudolf Altgraf zu Salm-Reifferscheidt-Krautheim und Dyck, und die Tochter Laura Marizzina Isabelle Leopoldora Altgräfin zu Salm-Reifferscheidt-Krautheim und Dyck. Der Altgräfin folgte die Gräfin Dr. Alexandra von Colloredo-Mannsfeld, die Beziehung begann Anfang der Siebzigerjahre und führte zur Geburt des Sohnes Nikolaus, kurz Jurij. Weitere Beziehungen werden Opfer der Diskretion.

Nächstes Thema: Herr Udo rannte stets mit einer geladenen Neun-Millimeter-Pistole herum und schwärmte häufig von Projekten, die ein kleines bisschen jenseits der Legalität angesiedelt waren. So plädierte er für die Errichtung eines Sperrgebietes, in dem Männer mit echten Waffen und geladener Munition Krieg spielen könnten. Damit sollte ein kontrolliertes und sublimiertes Ausleben des unausrottbaren Tötungstriebes im Manne erreicht werden. Herr Udo galt einige Zeit als schwerer Alkoholiker. War es pures Glück oder doch gezielte Selbstoptimierung, dass der oft mit seiner Pistole herumfuchtelnde Waffennarr keine gröberen Scharmützel mit unkontrollierten Folgen anrichtete?

Eigentlich das ideale Feindbild eines aufrechten und klassenbewussten Sozialdemokraten. Und was passierte? Gerade manche Sozialdemokraten wurden beinahe magisch von diesem Wunderwuzzi angezogen, die Gründe mögen Spin-Doktoren oder Psychotherapeuten eruieren.

Herr Udo rannte stets mit einer geladenen Neun-Millimeter-Pistole herum und schwärmte häufig von Projekten, die ein kleines bisschen jenseits der Legalität angesiedelt waren.

Das nächste Kapitel heißt Serge Kirchhofer. Udo Proksch verwendete dieses Pseudonym ab 1961. Serge verwies auf die ausgeprägte Russophilie des jungen Designers, dem offenbar der russische Vorname Sergej gefiel. Und den Namen Kirchhofer benutzte er, weil er damals mit einer Dame namens Kirchhof liiert war. Durch seine Beziehungen zu Gott & Welt schaffte Udo Proksch vieles, was andere nicht schafften, so wurde ihm auch ein österreichischer Reisepass auf den Namen Serge Kirchhofer ausgestellt.

Erst arbeitete dieser Designer Serge Kirchhofer noch für die Firma des Brillenpioniers Wilhelm Angler mit Standorten in Traun und in Wien, später gründete er sein „Studio für Werbegestaltung" in der Wiener Walfischgasse 12.

Und dieser S. K., wie er sich akronym nannte, sollte mit zwei Produkten weltweit Furore machen. Einmal mit seinen Brillen, die er in kleiner Serie erzeugte und teuer verkaufte. Gefertigt wurden sie in Gold oder Schildplatt, das aus den Schuppen von Meeresschildkröten gewonnen wurde, zusätzlich waren sie mit Edelsteinen besetzt. Der Einzelpreis lag umgerechnet nicht unter 12.000 Euro. Getragen wurden die Brillen – ich wähle nach dem Zufallsprinzip – vom Schah von Persien, von Jackie Onassis und vom Schauspieler Peter Sellers. Als Werbeträger in Österreich fungierte der ehemalige Turnierreiter und Oberst des österreichischen Bundesheeres Peter Lichtner-Hoyer, doch die größten Geschäfte machte S. K. in den USA. Im Buch *Auf den Spuren des Udo Proksch* von Ingrid Thurnher wird S. K. mit folgendem Satz zitiert: „Als Bub wollte ich Millionär werden und wie Napoleon die Macht über Europa haben. Millionär bin ich."

Ein bisschen verschätzt hat er sich mit der Zukunftsprognose. Schlussendlich verfügte er lediglich über eine Zelle in der Justizanstalt in Graz-Karlau. Und das auf lebenslänglich.

Das zweite Produkt, mit dem S. K. Furore machte, hieß

schlicht und einfach „Goldfinger". Ein einfaches, jedoch sündteures Schmuckstück zum Aufstecken auf einen der Finger. Laut den Erzählungen des Udo Proksch entdeckte ein britischer Autor namens Ian Fleming auf einer Ausstellung jenen auf Deutsch und auf Englisch zu verwertenden Goldfinger. Ian Fleming kaufte S. K. die Rechte ab und schrieb einen Agentenfilm mit selbigem Namen. 1964 wurde er in den Kinos der Welt gezeigt, den Mister Goldfinger spielte Gert Fröbe und den James Bond spielte Sean Connery.

Und jetzt zum Demel. Gegründet wurde die Konditorei im Jahre 1786 vom dem aus Württemberg zugewanderten Zuckerbäcker Ludwig Dehne. Sein Sohn August Dehne verkaufte die ehrwürdige und noble Zuckerbäckerei an seinen ersten Gehilfen Christoph Demel. In weiterer Folge erhielt sie ihren Namen: K.u.K. Hofzuckerbäcker Ch. Demel's Söhne GmbH. Die Adresse lautete: Kohlmarkt 14.

Am 16. Februar 1972 kaufte die Altgräfin mit dem langen Namen und dem Kürzel CIC von einem gewissen Federico Berzeviczy-Pallavicini besagtes „Demel". Eh klar, einem flotten Emporkömmling wie den Udo Proksch hätte der erlauchte Pallavicini nicht einmal die Hand gereicht. Hinter der Altgräfin mit dem langen Namen und dem Kürzel CIC stand eine Schweizer Firma namens Lylae AG, und das Demel musste noch durch mehrere wohlfeile Konstruktionen und Firmen von Strohmännern schlüpfen, ehe es ab Ende Mai 1972 unserem Udo Proksch gehörte.

Nun folgte ein Umbau des alten Demel, der ja bisher mit Nostalgie, Hofratswitwen und Kaiserkitsch verbunden ward, die Demelinerinnen und ihr Demeldeutsch („Haben der Herr Doktor schon gewählt?") blieben uns jedoch erhalten. Alle paar Monate wurde ein neuer Raum im frischen Design mit viel Pomp eröffnet, bei der jeweiligen Zeremonie war die Wiener Prominenz versammelt, Schauspieler, Journalisten und Politiker reichten einander die Hände, und Roman Schliesser berichtete als „Adabei“ in der *Kronen-Zeitung* über seinen Spezi Udo Proksch. Als das neu geschaffene „Kaiserzimmer“ eröffnet wurde, durchschnitt sogar der republikanische Kanzler Bruno Kreisky das Eröffnungsband.

Bekannt wurde der Designer, der sich nun auch als Konditor oder als Zuckerbäcker bezeichnete, durch seine Gestaltung der Schaufenster. Bereits im Oktober 1972 schaffte Udo Proksch einen ausgeklügelten Skandal: In der Auslage sah man das brennende Winterpalais in Sankt Petersburg, eine Meisterleistung der Zuckerbäckerin Rosemarie Bahsler, auf einem Medaillon aus Zuckerguss glotzte ein gewisser Wladimir Iljitsch Lenin auf das brennende Palais. Als Gegenleistung wurde Udo Proksch vom sowjetischen Botschafter zur Feier des 55. Jahrestages der Oktoberrevolution eingeladen. Ob er die Feier besucht hat, entzieht sich meiner Kenntnis. Drei Jahre später, also im Jahre 1975, konnten die Passanten auf dem Kohlmarkt in einem der Demelfenster sowohl Bruno Kreisky als auch Josef Taus, beide aus Marzipan geformt, entdecken. 1979 kamen Jimmy Carter und Leonid Breschnew zu demelischen Ehren, sie hatten sich damals in Wien zu Abrüstungsgesprächen getroffen. Und ich kann mich noch erinnern, dass ich mindestens fünf Minuten durch das Schaufenster auf die psychedelisch geformten Pilzköpfe der Beatles starrte.

Vom Demel ist es nicht weit zum Club 45. Dieser legendäre Club wurde Ende der 1960er Jahre vom späteren Bürgermeister Leopold Gratz initiiert. „Die Zahl 45 im Clubnamen soll für jene Generation stehen, die in der Atmosphäre des Kriegsendes und der jungen Demokratie aufgewachsen ist“, kommentiert Ingrid Thurnher in ihrem Buch *Auf den Spuren des Udo Proksch.* Erst trafen sich aufstiegswillige und an Führungsposten interessierte Sozialdemokraten in ihren Privatwohnungen, ehe Leopold Gratz sich an seinen Spezi Udo

Proksch wandte. Dieser war schwer begeistert von den Zielen des Clubs, stellte den roten Promis ein eigenes Stockwerk im Demel zur Verfügung und trat selbstverständlich selbst dem Club bei, 1977 rückte er in den Vorstand auf. Und im Club 45 entfaltete sich nicht nur ein Netzwerk zur Vermittlung von Geschäften und Kontakten, es wurden auch die Paradetugenden Lust & Laune extrem gepflegt: Hochzeiten, Schießübungen, Champagnerpartys, Herz, was willst du mehr. So schrieb der damalige Programmdirektor des ORF, schon wieder ein kommender Bürgermeister, namens Helmut Zilk am 10. März 1972 an Udo Proksch: „Seit Kindheitstagen wollte ich das DEMEL zu einer Art Kneipe für mich machen – es war mir leider immer zu teuer. Jetzt schöpfe ich Hoffnung: Wie ich Dich kenne, darf ich ab heute fressen und saufen so viel ich will – selbstverständlich ohne zu „brennen“. Sei mir gegrüßt – Bussi! (Natürlich auch an die Gräfin).“

Und im Club 45 entfaltete sich nicht nur ein Netzwerk zur Vermittlung von Geschäften und Kontakten, es wurden auch die Paradetugenden Lust & Laune extrem gepflegt.

Im Buch von Ingrid Thurnher ist die Mitgliederliste des Clubs 45 mit dem Stand vom Mai 1980 abgedruckt. Nein, es folgt kein name-dropping. Vertreten war praktisch jeder, der Rang, Namen und Kontakte zur damals stärksten Partei in Österreich hatte.

Manche der ehrenwürdigen Mitglieder des Clubs mussten jedoch die bequemen Räumlichkeiten im Demel mit einer Zelle im Gefängnis vertauschen, als der AKH-Skandal enthüllt worden war. Und mit der erstmaligen Verhaftung des Demelchefs im Jahre 1989 war es mit den sorgenfreien Abenden, was heißt da Abenden: Nächten! endgültig vorbei.

Als Entschädigung für so manche unlautere Episode möchte ich gegen Schluss des Textes noch eine heitere, jedoch folgenlose Episode einfügen. Am 24. Jänner 1971 schrieb Roman Schliesser in der *Kronen-Zeitung:* „Wer sein Leben lang nie ganz aufrecht leben konnte, sondern irgendwie gekrümmt durchs Leben ging, der soll wenigstens im Tode das Gefühl haben, ein aufrechter Mensch zu sein." Worum ging es: Herr Udo hatte den „Verein der Senkrecht-Begrabenen" gegründet, der seine Aktionen, also seine Begrabungen, 1970 und 1971 unter regen Anteilnahme der Kulturszene an verschiedenen Orten vorstellte. Bei der Bestattung sollte der Leichnam senkrecht in ein in der Erde verhaftetes Kunststoffrohr versenkt werden. Dabei ragte die Röhre aus dem Boden heraus, die Luke wurde nach der Bestattung geschlossen.

Der Fantasie von Udo Proksch waren keine Grenzen gesetzt: Der Leichnam könne nackt oder mit einer Ritterrüstung bekleidet sein, in die Luke der Röhre könne ein Fenster eingebaut werden, für das eine Ewigkeit dauernde Stehen in der Röhre entwarf er eigene Schuhe.

Und Udo Proksch empfahl den Vereinsmitgliedern, zu Lebzeiten mehrere Male mit dem Fallschirm abzuspringen. Dabei könnten sie eine kurzlebige Ahnung vom Vorgang des Sterbens erhalten.

Jetzt aber schnell zum tatsächlichen Ende. Das Schiff mit dem Namen „Lucona" war, wie eingangs erwähnt, am 23. Jänner 1977 um 15.50 Uhr versunken, die Bundesländer-Versicherung zahlte die Versicherungsprämie nicht aus, da sie vermutete, dass die vermeintliche Uranerzmühle nur ein riesengroßer Schrotthaufen war und das Schiff von Udo Proksch mit voller Absicht im Indischen Ozean versenkt worden war.

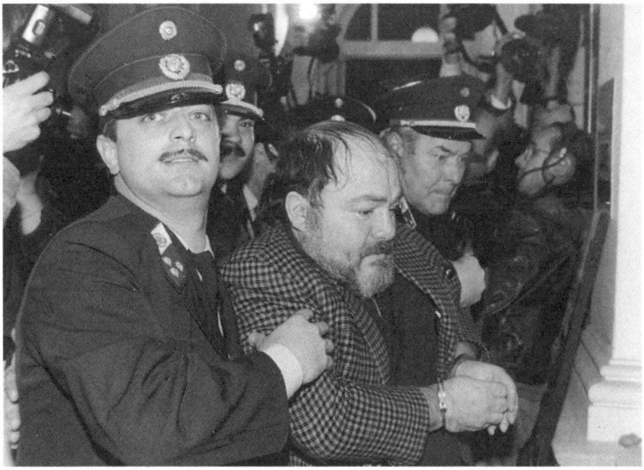

Urteilsverkündung 1992 im Lucona-Prozess gegen Udo Proksch im Wiener Landesgericht. Der Angeklagte wird in den Verhandlungssaal geführt.

Udo Proksch alias Serge Kirchhofer im Club 45 am Wiener Kohlmarkt 14.

Das Cover des Bestsellers von 1987.

Nun folgten mehrere Prozesse, Verurteilungen, Freisprüche, auf der einen Seite argumentierten die „schwarze" Bundesländer-Versicherung und die Journalisten Hans Pretterebner und Gerald Freihofner, auf der anderen Seite die zumeist der SPÖ zugeordneten Haberer und Spezis von Udo Proksch. Nach dessen Flucht nach Manila und einer Gesichtsoperation erfolgte die neuerliche Verhaftung bei der Rückkehr nach Wien. Am 28. Jänner 1992 wurde Udo Proksch vom Oberlandesgericht Wien wegen sechsfachen Mordes zu lebenslanger Haft verurteilt, bei der Explosion des Schiffes wurden ja sechs Angehörige der Mannschaft getötet. In der Haftanstalt Graz-Karlau starb er am 27. Juni 2001 an den Folgen einer Herzoperation. Er liegt allein in einem Grab auf dem Heiligenstädter Friedhof in Wien. Auf dem Grabstein steht nur: *Udo Rudolf Proksch.*

XXX

GESUCHT:

HEINZ BACHHEIMER
alias ROTER HEINZI

GEBOREN: ***1939***

BERUF: ***Unterweltkönig***

GESUCHT WEGEN: ***Erpressung und Hehlerei***

DER UNGEKRÖNTE KÖNIG DER WIENER UNTERWELT

Als ich begann, mich mit dem Roten Heinzi zu beschäftigen, fiel mir andauernd die ORF-Serie um den Kieberer Trautmann ein. Denn da kommt des Öfteren der Ignaz Wessely alias der Nazl-Onkel vor, gespielt von Heinz Petters. Er besitzt ein paar Nachtlokale, hat die besten Kontakte im Milieu und kommandiert eine Reihe von martialisch blickenden „Buckln". Ansonsten vermittelt er den Eindruck, er könne keiner Fliege etwas zu Leide tun, wenn er in seiner Loge beim Pferderennen Hof hält.

Zurück zum Roten Heinzi, der seinen Namen wegen seiner kupferroten Haarpracht erhielt. Er wurde in Wien am 7. Juni 1939 als Sohn eines Fiakers geboren und erlernte den Beruf eines Malers und Anstreichers. In den frühen Siebzigerjahren begann sein steiler sozialer Aufstieg, den er mit allen zu Gebote stehenden Mitteln schaffte: Er landete im Rotlichtmilieu. Wobei „landen" ein bisschen untertrieben ist. Er organisierte es, er kontrollierte es, er zog – stets geschickt im Hintergrund agierend – die Fäden. Und einer seiner Freunde hieß Bernd Wesely – soweit die Parallelen zum Nazl-Onkel aus der Trautmann-Serie.

Apropos Fernsehen: Meines Wissens berichtete das Fernsehen am 2. April 1971 zum ersten Mal über Heinz Bachheimer. Und zwar in der Sendung „Aktenzeichen XY ... ungelöst". In Düsseldorf war in einem Leih- und Pfandhaus ein Panzerschrank geknackt worden. Laut Eduard Zimmermann, dem Moderator der Sendung, wäre der mit der gesamten Beute Geflüchtete in einschlägigen Kreisen als Roter Heinzi bekannt, zudem hielte er sich bevorzugt in Dirnen- und Zuhälterkreisen auf. Doch diesen Suchaktionen via

„Aktenzeichen XY“ in Österreich, der Bundesrepublik und der Schweiz war kein Erfolg beschieden.

Werfen wir noch einen unerschrockenen Blick zurück in die wilden 1960er Jahre. Damals wurde Wien von zwei Partien oder Platten kontrolliert, der Praterpartie und der Gürtelpartie. Beide Gruppen teilten sich in bester Kumpanei in Wien das Geschäft auf: Vor allem das mit dem illegalen Glücksspiel, also mit dem „Stoß“, und das mit der Prostitution. Man kooperierte bei der Abwehr von bösen Eindringlingen von außen, suchte ab und zu das Einvernehmen mit der Polizei, sonst wich man einander aus, doch manchmal traf man doch aufeinander. So lieferten sich die Unterwelter Josef Angerler, bekannt als der „Gschwinde“, und Josef Krista, auch „Notwehr-Krista“, ein ehemaliger KZ-ler, anno 1964 in der Ausstellungsstraße ein *shootdown,* das die Western von Clint Eastwood in den Schatten stellen könnte: Sie gaben insgesamt 37 Schüsse ab, doch merkwürdigerweise traf kein einziger Schuss den jeweiligen Kontrahenten. Was auch mit der fehlenden Präzision beim Gebrauch der Waffen interpretiert werden könnte. Man einigte sich danach auf einen Waffenstillstand und agierte nunmehr gemeinsam gegen Eindringlinge wie den Ausbrecherkönig Heinz Karrer. Da dieser dem „Gschwinden“ kein Schutzgeld zahlte, machte der „Gschwinde“ einen Prozess, der wiederum aus einem Mafiafilm stammen könnte: Bei vorgehaltener Waffe musste Heinz Karrer, der Besitzer des Cafés

Werfen wir noch einen unerschrockenen Blick zurück in die wilden 1960er Jahre. Damals wurde Wien von zwei Partien oder Platten kontrolliert, der Praterpartie und der Gürtelpartie.

Jo-Jo in der Ausstellungsstraße, devot niederknien und mit sorgfältig ausgewählten Worten um Gnade betteln.

Am 9. Mai 1969 sollen im Café Kolonitz im 3. Bezirk der „Gschwinde“ und der „Notwehr-Krista“ noch einmal aneinandergeraten sein, beide wurden dabei schwer verletzt. Krista verübte nach seiner Verhaftung Selbstmord. Soweit im Internetportal *veko-online.de*, verfasst von Benda Robert vom Landeskriminalamt in Wien. Letzter Satz über Josef Krista: Dieser startete seine Karriere als Galerist eines der größten Schleichhändler Wiens in der Nachkriegszeit, von Benno Blum. Benno Blum soll dem amerikanischen Autor Graham Greene als Vorbild für seinen „Harry Lime“ im Klassiker *Der dritte Mann* gedient haben.

Doch der Rote Heinzi erkannte: Solche Szenen nützen in Wirklichkeit nur der Polizei. Also müssen neue Methoden mit etwas kollegialeren Umgang eingeführt werden. Und die neuen Methoden sollen unbedingt kaufmännischen Prinzipien entsprechen, die Betriebe werden dabei wie Wirtschaftsbetriebe geführt und selbstverständlich auch überwacht, die jeweiligen Mitarbeiter müssen besser geschult und auch kontrolliert werden, imageschadende Schießereien in Kaffeehäusern dürfen nie wieder vorkommen.

Der legendäre Leiter des Wiener Sicherheitsbüros Max Edelbacher schrieb darüber: „Wir waren überrascht, dass Bachheimer als Unterweltsboss ähnliche Probleme wie der Manager eines Unternehmens zu bewältigen hatte und es praktisch kaum Unterschiede zwischen der legalen und der illegalen Wirtschaft gab. Die illegale Wirtschaft setzte allerdings zur Durchsetzung ihrer Vorhaben Gewalt ein und da war man nicht zimperlich!“

So entstand der vor allen in deutschen Gefilden gefürchtete „Wiener Kreis“, dem neben dem Roten Heinzi auch Franz Altmann („der Alte“) und Waldemar Gehmayer („der Waldi“)

angehörten. Das haben übrigens die Unterweltgrößen mit Fußballstars gemeinsam: Ab einer gewissen Popularität erhalten sie putzige Spitznamen wie Schneckerl, Waldi oder eben Roter Heinzi.

Doch die Unterweltler hatten bei ihren Einsätzen gegenüber jenen der Polizei immense Startvorteile. Durch das Abhören des Polizeifunks waren sie über jeden Schritt der Einsatzkräfte informiert. Als die Polizei mit Funkgeräten des Bundesheeres ausgerüstet wurde, lachten sich die Ganoven ins Fäustchen: Die Funkgeräte fielen durch ihre unhandliche Größe auf und so konnten sie einen Polizisten mit Funk mit einem Blick erkennen. Auch der Fuhrpark der Ganoven war den Dienstwagen der Polizisten um Klassen überlegen. Apropos Wagen: Zumindest ab 1978 pflegte der Rote Heinzi standesgemäß in einem Rolls-Royce zu kutschieren.

Und der Wiener Kreis streckte seine nicht geraden zarten Fühler bis nach Deutschland, vor allem nach Hamburg, aber auch nach Italien aus. Und beschaffte sich Pelze und andere Luxusgüter aus Deutschland, Kunstgegengestände aus der römischen Villa Borghese, und auch im damals noch kommunistischen Osten war man tätig: Mit Krimsekt und Kaviar konnte man im Westen immer Geld lukrieren. Nur ein Metier mied man wie der Teufel das Weihwasser: das Geschäft mit den Drogen.

War einer nicht willig, dann ging's mit Gewalt: Ab und zu blieben nach einem Besuch der Schlägertruppe des „Wiener Kreises“ in einem deutschen „Club“ oder Bordell oder einem „Spielsaloon“ nur mehr blutende Gäste und Trümmer der Einrichtung übrig.

Kommen wir also zurück in die späteren Siebzigerjahre. Max Edelbacher erzählte mir bei einem Treffen: „Der Rote Heinzi korrumpierte Machtträger, baute seinen Einfluss auch auf die Politik aus, war gesellschaftlich etabliert und expandierte nach München, Frankfurt, Hamburg sowie an die Adria, wo er auch eine Jacht liegen hatte." Doch noch hatte man keine handfesten Beweise, die eine Verhaftung ermöglicht hätten. Die ermittelnden Polizisten waren immer einen Schritt hinter dem Unterweltschef, den sie observierten. So wird folgende Geschichte über ihn kolportiert. Als „der Rote" merkte, dass er verfolgt wurde, klopfte er an den Wagen der Fahnder: „Ich sag euch lieber, wo ich hinfahr, falls ihr mich aus den Augen verlierts." Und als er in Wien einen Boxkampf des damaligen Publikumsmagneten Hans Orsolics besuchte, wurde ihm während des Fights die aus Deutschland konfiszierte Ware auf dem Zuseherrang überreicht. Chapeau!

Ein kleines Detail am Rande. Der Rote Heinzi war ja immer vorsorglich in der Nacht unterwegs, um seine Betriebe mit der gebotenen Ausdauer kontrollieren zu können. So fuhr er in den frühen Morgenstunden des 1. August 1976 nichts ahnend über die Wiener Reichsbrücke. Und um vier Uhr desselben Tages sollte die Reichsbrücke einstürzen. Ein zweites Mal: Chapeau!

„Der Rote Heinzi korrumpierte Machtträger, baute seinen Einfluss auch auf die Politik aus, war gesellschaftlich etabliert und expandierte nach München, Frankfurt, Hamburg sowie an die Adria, wo er auch eine Jacht liegen hatte."

Doch der Krug geht zum Brunnen, bis er bricht. Max Edelbacher fiel im Jahre 1977 eher zufällig ein silbermetallicfarbener Mercedes mit Hamburger Kennzeichen auf, der regelmäßig in der Wilhelminenstraße parkte. Bei einer routinemäßigen Überprüfung stellte sich heraus, dass dieses Fahrzeug in Hamburg als gestohlen gemeldet war. Also wurde dieses

Fahrzeug überwacht und der Lenker schließlich erwischt: Er war ein Buckl, also ein Mitarbeiter von Heinz Bachheimer, der seine Freundin, eine Krankenschwester im Wilhelminenspital, besuchte.

Na gut, mit einem gestohlenen Auto wird man den Roten Heinzi nicht aus der Reserve locken können. Da benötigt man auch ein bisschen Glück oder ein Geschenk des Himmels oder schlicht und einfach den Wink des günstigen Augenblicks. Denn der König der Unterwelt sollte einen kleinen, jedoch folgenschweren Fehler begehen. Er vergaß, die Miete für das Schließfach einer großen Bank zu bezahlen. Worauf das Schließfach von der Bank geöffnet wurde. Zur Überraschung der eilig herbeigerufenen Polizei kamen zum Vorschein: Eine vergoldete Pistole der Marke Beretta. Kunstgegenstände aus einem Einbruch in einer römischen Villa. Und weitere Waffen.

Durch mühevolle Kleinarbeit konnte das in Wien gelandete Diebsgut – welch schönes Wort der deutschen Sprache: Diebsgut, also ein Gut des Diebes – dem Roten Heinzi und seinen zwei Freunden Waldemar Gehmayer und Franz Altmann zugeordnet werden. Und jetzt nahm die Sache rasante Fahrt auf: Noch 1977 wurden erstmals Haft- und Hausdurchsuchungsbefehle gegen die drei Großen erwirkt. Es gelang, Heinz Bachheimer und Waldemar Gehmayer an ihren jeweiligen Wohnorten festzunehmen. Der Dritte im Bunde, unser Franz Altmann, schaffte gerade noch die Flucht nach Lateinamerika. Er schickte aus Argentinien eine wahrscheinlich liebenswürdige Ansichtskarte nach Wien ins Sicherheitsbüro. Leider kenne ich den sicherlich amüsanten Text dieser Ansichtskarte nicht. Doch auch Franz Altmann, der „Alte“, sollte einen Fehler machen: Er hielt es im fernen Argentinien ohne die ihm vertraute Heimat nicht aus und kehrte nach zwei Jahren unter falschem Namen zurück. Prompt wurde er am Flughafen München festgenommen.

Am 3. Oktober 1978 begann der Prozess gegen den Roten Heinzi und gegen Waldi Gehmayer. Auf meine Frage nach dem Verhalten des Königs der Unterwelt antwortete Max Edelbacher: „Gegenüber den Kriminalbeamten und auch mir gegenüber trat der Rote Heinzi immer sehr selbstkontrolliert auf – also wie ein Gentleman mit Manieren. Im Milieu war er natürlich situationsangepasst, da konnte er schon sehr aggressiv agieren."

Die *Kronen-Zeitung* vom 2. Oktober 1978 berichtete, dass Heinz Bachheimer wegen Erpressung, Hehlerei, Urkundenfälschung und Vergehen gegen das Waffengesetz angeklagt werde. Alles Lappalien, aber der Prozess sollte doch einen Wendepunkt im Leben des Roten Heinzi markieren.

Zuerst noch möchte ich die *Kronen-Zeitung* vom 6. Februar 1978 zitieren. Sie berichtete unter dem Titel „Affäre um Unterweltler":

Wie berichtet, war Bachheimer verhaftet worden, weil man in einem Schließfach verschiedene Kunstgegenstände sowie eine goldene Pistole gefunden hatte. Die Waffe wurde bei einem Überfall in Deutschland verwendet. Die Polizei erklärte zu aufgetauchten Kombinationen, daß Bachheimer und seine Helfershelfer von Wien aus einen internationalen Ring von Rauschgiftschmugglern, Mädchenhändlern und Lieferanten von Glückspielautomaten kontrollierten.

„Im Milieu war er natürlich situationsangepasst, da konnte er schon sehr aggressiv agieren."

Trotz geschickter Verteidigung von Dr. Wilhelm Philipp wurde der Rote Heinzi im Oktober 1978 zu 30 Monaten verurteilt, die Monate in der U-Haft wurden ihm angerechnet. Den Rest seiner Haft verbüßte er in der Justizanstalt Garsten.

Nach seiner Entlassung zog er sich mehr oder weniger auf sein Altenteil zurück. Sein markantes rotes Haar war schon ergraut und er näherte sich Schritt für Schritt seinem Fünfziger. Gut, ein paar Nachtlokale blieben schon noch übrig, vor allem der „Queen Club" am Hernalser Gürtel 34, der in Wien stets mit einem eingesprungenen „S" hinter der Queen ausgesprochen wurde. Ursprünglich ein stinknormaler Gürtelpuff, mauserte sich die Lokalität zu einem Szenetreff, zu einem „Club für Erwachsenenunterhaltung", zu einem Ort der Seitenblicke, der Journalisten wie Anwälte, Kiebitze wie Szenenkenner anzog.

Um die Qualitäten des Queen Club zu illustrieren, den ich selbst nie besucht habe, möchte ich aus den Memoiren eines Zunftbruders des Roten Heinzi zitieren: Aus dem Buch *Der alte Mann und das Rotlicht* von Ex-Unterweltler und Strizzi Freddy Charles Rabak.

Auf der Straße rauchte ich mir eine ganz normale Tschik ohne Zugabe an und steuerte den nahen Queen Club am Gürtel an, den Betrieb meines Lieblings-F(r)einds Heinz Bachheimer. Manchmal traf ich ihn auch in diversen Swinger-Clubs. Auch im „Queen" gab es einen Hausdealer, den damaligen Kellner, mit absolut schlechter Ware. Was solls, so richtig Besoffene schluckten auch den frisch abgekratzten Verputz von den Wänden, und selbst Staranwälte hätten bei Klagen der Verputzschnupfer kaum inhaliert. Aber das Ambiente in der „Queen" war halt noch ein Besonderes, das an die Romanfigur Josefine Mutzenbacher erinnerte. Alles vor und hinter der Bar war in etwas schmuddeligem Rot gehalten … Da in der Küche weder der Chef noch ein Bekannter anwesend war, gönnte ich mir eine Flasche Whisky, kokste am Klosett und wanderte mit einer relativ hübschen Braut ins Separee.

Der König der Unterwelt soll seinen Fahndern einmal gesagt haben: „Ich sag euch lieber, wo ich hinfahr, falls ihr mich aus den Augen verlierts." Hier 2010 bei einem Charity-Event.

Aufnahmen aus den Prozessen gegen Heinz Bachheimer alias „Roter Heinzi" 1978 (oben) und Josef Krista alias „Notwehr-Krista" 1970 (unten).

Genug über dieses Lokal, das bald nach dem Tode des Roten Heinzi seine Pforten für immer schließen sollte. Der stets im gepflegten Zweireiher auftretende Sir widmete sich einer gar nicht neuen Leidenschaft: Er beschäftigte sich ausgiebig und fachkundig mit Numismatik und sammelte antike Kunstgegenstände. Diesmal auf legale Weise. Fast jeden Tag ward er im Wiener Dorotheum gesichtet, um das Angebot zu mustern. Für seine Kunstleidenschaft fand ich einen netten Beleg, den ein Münzensammler namens „Gesa" der „Terra Pannonia" aus Carnuntum nach Bachheimers Tod postete:

Er war in den Siebzigern der erste, der den Carnuntiner Sondengängern herausragende Funde abkaufte und dafür auch faire Preise bezahlte. Unter den Suchern der ersten Generation kursiert heute noch das Gschichtl vom Roten Heinz, der im offenen Luxuscabrio vorgefahren ist, auf den Rücksitzen zwei Damen im Pelzmantel und darunter nackt. Angeblich besaß er auch eine der größten Sammlungen von absolut raren Prägungen des Kaisers Regalianus und seiner Frau Dryantilla.

Legendär soll die Feier seines 50. Geburtstages gewesen sein, den er im Lusthaus im Prater mit viel Champagner zelebrierte oder champagnerisierte. Ein Soziologe hätte wohl Gefallen gefunden an der gelungenen Durchmischung der trinkenden Gäste, die von Vertretern des deutschen Rotlichtmilieus bis zu Abgesandten der Wiener Wirtschaftskammer reichte. Doch irgendwann einmal hatte auch der Rote Heinzi genug: Mit seiner Ehefrau Inge und seinen beiden Töchtern Nina und Tanja übersiedelte er in eine Villa in Klosterneuburg, da er seinen Töchtern das Rotlichtmilieu in Wien nicht zumuten wollte. „Das ist keine Umgebung für sie", so wird er von Max Edelbacher zitiert.

So plätscherte – was heißt da schon plätscherte: schäumte das Leben des Roten Heinzi dahin, bis es mit einem kraftvollen

Donnerschlag endete: Am 29. November 2015 beging er Selbstmord. Er stürzte sich aus dem 6. Stock einer seiner Wohnungen in der Wiener Leopoldstadt und landete auf einem parkenden Auto. Der Grund für seine letzte kompromisslose und endgültige Tat war eine unheilbare Krebserkrankung.

Beim Begräbnis des ehemaligen Gürtelkönigs auf dem Hernalser Friedhof traf die Welt des Zwielichts noch einmal auf jene des Sonnenscheins. Die schillernden Abschiedsbekundungen wirkten wie eine Paraphrase auf die Feier des 50. Geburtstages damals im Lusthaus im Prater. Unter den etwa 400 Trauergästen wurden Expolitiker wie Peter Westenthaler, Soziologen wie Roland Girtler und Unternehmer wie Hans Schmid gesichtet. Und der „Lions Club Wien" schickte sogar einen Kranz. Ein letztes Mal also: Chapeau!

Die Nachrufe in den Zeitungen schwärmten von seiner Handschlagqualität und seinem Wiener Schmäh, sie erinnerten an sein überzeugendes Auftreten als Feschak im Zweireiher und an sein exzellentes Kunstverständnis. Und zumeist wurde mit beinahe weinerlichem Tonfall darauf hingewiesen, dass mit seinem Tod auch eine Ära des Rotlichts in Wien für immer erloschen wäre.

Den Vogel schoss einer seiner Haberer ab, der als stilistische Kultfigur der *Kronen-Zeitung* bekannte Michael Jeannée. Am 13. Dezember 2015 erschien von ihm in besagter Zeitung folgender sich an den Verstorbenen richtender Text:

Und last, but not least Deine Antwort auf meinen Vorschlag, Deine Biografie zu schreiben. Sie lautete milde: „Wird nix draus, Burli. Denn dafür liebe ich meine Wiener Stadt zu sehr. Wann i nämlich auspack, bleibt in dera Stadt kein Stein auf dem anderen. Host mi?!" I hob Di ghobt. Und darf nun mit den Abschiedsworten eines Deiner Grabredner schließen: Wenn eine Seele die Erde verlässt, bekommt der Himmel einen neuen Stern. Servas, Roter!

Sodann, werte Leserin, werter Leser. Sie werden halt irgendwo auf der Höhe der Gürtels, sagen wir in der Hernalser Gegend, wenn Sie den Blick zum Firmament erheben, den funkelnden Stern mit dem Namen Roter Heinzi erblicken.

XXX

GESUCHT:

RAINER MARIA WARCHALOWSKY

GEBOREN: ***1948***

BERUF: ***Gymnasiast***

GESUCHT WEGEN: ***Mord***

DER EXISTENZIALIST BEGEHT EINEN DREIFACHEN MORD

„Ich lebe, ich töte, ich übe die sinnverwirrende Macht des Zerstörers, mit der verglichen die Macht des Schöpfers als billiger Abklatsch erscheint“, brüstet sich Caligula im gleichnamigen Theaterstück von Albert Camus.

Mit diesem Zitat – das die mörderische Hybris dieses berüchtigten römischen Kaisers spiegelt – hätte sich Rainer Maria Warchalowsky wahrscheinlich identifiziert. Albert Camus gehörte dezidiert zu seinen Lieblingsautoren. Noch vier Tage, bevor er seine gesamte Familie umbrachte, also am 16. Dezember 1965, lieh er sich in einer Bibliothek folgende Bücher aus: *Das Gastmahl* von Plato, *Von der Tapferkeit,* ebenfalls vom griechischen Philosophen, sowie *Das große Unbehagen* des Gewerkschafters und BAWAG-Generaldirektors Fritz Klenner.

Die Bibliothekarin hätte keine Bedenken gehabt, mit dem 17-jährigen Rainer das nahe Café Philadelphia zu besuchen. Sie hätten wahrscheinlich über den damals die intellektuellen Diskurse bestimmenden Existenzialismus debattiert und nach einem Kaffee hätte unser Rainer über das Höhlengleichnis von Plato referiert. Und die Bibliothekarin wäre mit Sicherheit begeistert gewesen über den Mittelschüler und seinen nach Gewissheit und Klarheit ringenden Gedanken in einer ansonst sinnlosen Welt. So ein braver Musterschüler, vielleicht sogar ein Streber. Und kein böser Bube.

Doch es sollte ganz anders kommen.

Ein paar Tage später musste die Bibliothekarin mit polizeilicher Begleitung die Wohnung Rainers in der Darnautgasse 10 besuchen – ein paar Schritte entfernt vom Kaffeehaus auf der anderen Seite der Philadelphiabrücke. In der Zwischenzeit waren die Leichen schon abtransportiert worden und die Bibliothekarin suchte nach den von Rainer ausgeliehenen Büchern, um sie wieder in den Bestand der Bücherei aufnehmen zu können. Ihr Bericht über diesen Besuch des Tatorts ist abgedruckt im Buch des Staatsanwalts Dr. Werner Olscher, der Titel des Buches lautet *Lebenslänglich:*

So etwas Katastrophales habe ich noch nicht gesehen. Die kleine Zwei-Zimmer-Wohnung war vom Boden bis zur Decke angestopft mit Büchern. In jeder Kredenz, auf jeder Anrichte standen Bücher, stand Geschirr. Es war beängstigend. Ich konnte mir vorstellen, daß es ein Mensch von der überdurchschnittlichen Intelligenz des Rainer unter diesen Umständen nicht ausgehalten hat.

Was war in der Zwischenzeit passiert?

Ich möchte die drei Morde chronologisch von hinten aufrollen.

Am 20. Dezember 1965, wir schreiben den vierten Adventsonntag, stürzt Rainer um 23.30 Uhr, also knapp vor Mitternacht, in das Polizeiwachzimmer in der Tanbruckgasse, die parallel zur Meidlinger Hauptstraße verläuft. Er berichtet, er sei soeben nach Hause gekommen, und er habe im Vorzimmer die blutüberströmte Leiche seiner Mutter Paula Warchalowsky gefunden.

Die beiden Polizisten hetzen mit Rainer über die Philadelphiabrücke in die Wohnung in der Darnautgasse 10. Und tatsächlich: Eine zur Unkenntlichkeit verstümmelte Leiche liegt im Vorzimmer. Als sie das Kinderzimmer betreten, folgt die nächste Überraschung: Auf der Couch liegt die zweite Leiche, ebenso verstümmelt und übel zugerichtet wie die Leiche im Vorzimmer. Aha, der Vater, vermuten die Polizisten, Emil Warchalowsky, Alter 70 Jahre. Und sie konstatieren: Es fehlt das vierte Familienmitglied. Der ältere Bruder Rainers, Winifried Warchalowsky, 23 Jahre alt, Student an der Technischen Hochschule. Und schon ziehen sie ihre ersten Schlüsse: Niemand ist von außen in die abgesperrte Wohnung eingedrungen, ein Raubmord ist wegen der tristen und angespannten finanziellen Situation der Familie Warchalowsky auszuschließen. Also müsse dieser Winifried seine Eltern umgebracht haben und dann geflüchtet sein. Nächster Schritt: Sie leiten eine Fahndung ein gegen Winifried Warchalowsky, der zu diesem Zeitpunkt allerdings schon an die zwanzig Stunden tot ist.

Im Wohnraum blickten sie auf eine Sitzbank, die als Wäschefach benutzt wurde. Beim Öffnen der Sitzbank entdeckten die Ermittler die dritte Leiche.

In der Nacht von Sonntag auf Montag folgte das übliche Procedere: Eintreffen der Mordkommission unter der Leitung des Oberpolizeirates Friedrich Kuso, genaue Untersuchung der gesamten Wohnung nach allfälligen Spuren.

Und siehe da. Im Wohnraum blickten sie auf eine Sitzbank, die als Wäschefach benutzt wurde. Beim Öffnen der Sitzbank entdeckten die Ermittler die dritte Leiche.

Nach einer intensiven Untersuchung der verstümmelten Leichen musste die Mordkommission ihren bisherigen Ermittlungsstand revidieren. Der Tote im Wäschefach war in Wirklichkeit der Vater Emil. Und auf der Couch im Kinderzimmer lag die Leiche von Winifried, dem älteren Bruder Rainers. Der einzige Überlebende der grauslichen und unerklärbaren Familientragödie ist unser Mittelschüler, der in den Büchern der Existenzialisten Sinn suchen will in einer sinnlosen Welt.

Also eine komplett neue Situation. Im Sicherheitsbüro wurde unser Rainer erst auf höchst schonende Weise vernommen, war doch soeben auf grauslichste und bestialischste Art seine gesamte Familie ermordet worden. Rainer erzählte wahrheitsgemäß, welche Ausflüge er am Sonntag unternommen und welche Bar in der Wiener Innenstadt er am Abend mit einem Mädchen aufgesucht hatte.

Doch je genauer die Kriminalisten nachfragten, desto unruhiger wurde der 17-Jährige. Je mehr Details sie über seine Rückkehr in die Wohnung wissen wollten, desto nervöser reagierte unser Rainer. Bis er – so der Staatsanwalt Olscher in seinem Buch – entsetzt ausrief: „Glaubt ihr, ich bin der Mörder?!"

Spätestens ab diesem emotionalen Ausbruch ahnten die Kriminalisten: So glatt ist die Sache nicht, da könnte noch etwas kommen – und sie starteten ein intensives Verhör. Nach etwa einer Stunde gestand Rainer Maria Warchalowsky den dreifachen Mord.

Nun kann ich die Chronologie von vorne aufrollen, aber schnell und zügig, ich berichte nur die nackten Fakten, ohne mich in die Einzelheiten der brutalen Hinrichtungen zu verlieren. Wichtiger erscheint mir die Erhellung der Hintergründe, die zu diesen Hinrichtungen geführt hatten: das Soziogramm der Familie Warchalowsky.

„Glaubt ihr, ich bin der Mörder?!"

Los geht es am Morgen des 20. Dezembers 1965. Rainer steht sehr zeitig auf. Noch mit dem Pyjama bekleidet, greift er nach einer versteckten Kassette. Dort sind sowohl die Aktfotos seiner Mutter aufbewahrt als auch die mit zwei Kugeln geladene Pistole seines Vaters, Kaliber 6,35, die der Waffennarr aus den Beständen des Ersten Weltkriegs aufbewahrt hatte. Mit der ersten Kugel erschießt Rainer seinen schlafenden Bruder. Mutter Paula erscheint in der Tür zum Kinderzimmer, da sie den Schuss gehört hatte. Rainer drückt zum zweiten Mal ab und zielt auf die Brust. Die Mutter schwankt und fällt um, ist jedoch noch nicht tot. Die Trommel ist nun leer, Rainer kann die Pistole nicht mehr verwenden. Er stürzt ins Klosett und holt ein dort aufbewahrtes Beil, eine Axt. Damit zertrümmert er seinem Vater den Schädel, dann schlägt er ihm kräftig in den Hals. Sein Vater hatte in der Stube übernachtet und saß zur Tatzeit im Pyjama auf der Couch. Rainer wendet sich zur auf dem Boden liegenden Mutter und schlägt mit der Axt auf ihren Kopf und ihren Hals, bis sie sich nicht mehr rührt. Dann greift Rainer nach dem Militärbajonett des Vaters. Mit dem Bajonett sticht er in den Kopf, aber auch in Hals, Brust und Unterleib seines Vaters. Dann traktiert er auf ähnliche Weise seine Mutter und schließlich seinen Bruder. Die Gesichter aller drei Leichen sind nun bis zur Unkenntlichkeit verunstaltet.

Nun zieht Rainer seinen blutbefleckten Pyjama aus und besteigt die Dusche. Vom Blut gesäubert, steckt er eilig seinen toten Vater in das Kleiderfach der Couch, auf der dieser übernachtet hatte. Die Waffen schlichtet er in einen Koffer, den er später in die Donau werfen sollte. Der Koffer wurde am 26. Dezember von einem Spenglerlehrling beim Gasthaus Lindmayer aus der Donau gefischt. Allerdings befanden sich im Koffer nur die Axt und das Bajonett, die Pistole wurde nie gefunden.

Seinen blutgetränkten Pyjama deponiert Rainer im Pkw seines Vaters, den er öfters benutzt, ohne jedoch einen Führerschein zu besitzen. Um für ein glaubhaftes Alibi zu sorgen, verlässt er rasant die Wohnung und steuert des Vaters Auto zu einem Freund. Mit diesem fährt er ins Weinviertel, möglicherweise nach Kettlasbrunn, sieben Kilometer östlich von Mistelbach, um dort Bekannte zu treffen. Ihnen richtet er die herzlichsten Weihnachtsgrüße von seinen Eltern aus. Dann fahren sie nach Wien zurück, Rainer wirft auf der Donaubrücke den

Koffer mit den Waffen ins Wasser. Schließlich ruft er eine Freundin an, ein Kindermädchen bei einem Arztehepaar. Beide besuchen eine Tanzbar und trinken ein, zwei Campari Soda. Gegen 23 Uhr fährt Rainer mit dem Wagen nach Hause in die Darnautgasse 10. Er blickt auf die erste Leiche im Vorzimmer. Und vollkommen entsetzt rennt er über die Philadelphiabrücke zum Wachzimmer in der Tanbruckgasse, um dort seinen grausamen Fund zu melden.

Am nächsten Tag, am 21. Dezember 1965, berichtet die *Arbeiterzeitung:*

Die Beamten des Sicherheitsbüros versuchten Montag vergeblich, ein Motiv für die grausige Familientragödie zu entdecken. Rainer Warchalowsky tat nichts, um das Rätsel zu lösen. Er versuchte weder, sich für sein grausames Handeln zu entschuldigen, noch einen Anhaltspunkt für die Mordanschläge zu geben. Er sagte nur immer wieder. „Ich wollte eben etwas Sinnloses tun."

Der Journalist der *Arbeiterzeitung* und die Ermittler sowie die gesamte Öffentlichkeit konnten sich das Rätsel nicht erklären: Wie konnte so etwas geschehen? Was ist mit dem braven Buben passiert? Wieso hat Rainer derart hemmungslos zugeschlagen?

Bei dem Versuch, dieses Rätsel zu lösen, folge ich zwei Spuren. Einmal dem schon erwähnten Buch von Werner Olscher. Und dann dem Roman *Die Ausgesperrten* von Elfriede Jelinek. In ihrem 1980 erschienenen Roman beschreibt Elfriede Jelinek jenen Dreifachmord, in einer unterkühlten und distanzierten Sprache widmet sie sich vor allem der Vorgeschichte. Und sie nimmt ein paar Änderungen vor. So heißt der Mittelschüler bei ihr Rainer Maria Witkowski, und sie zieht die Geschichte ans Ende der Fünfzigerjahre. Doch ihre Schilderung der drei Morde entspricht ziemlich exakt den von Werner Olscher überlieferten Ereignissen. Ich zitiere den Schluss des Buches *Die Ausgesperrten:*

Bald jedoch taucht die Frage auf, wo ist der Pyjama vom Rainer und wo ist der Herr Witkowski. War es etwa der Vater, der das gemacht hat? Schließlich werden aber die blutverschmierten Vaterreste in der Truhe geborgen. Seine Hirnreste liegen daneben und sind nicht mit in die Truhe hineingekommen. Jetzt bleibt nur noch die Frage nach dem Pyjama und wird erneut gestellt, von einem Verdacht erhärtet. Als der Inspektor zum hundertstenmal fragt, wo ist Ihr Pyjama, er muß da sein, Herr Witkowski, antwortet Rainer endlich: er ist mit Blut befleckt und liegt im Kofferraum unter dem Reservereifen. Jetzt wissen Sie alles und können daher über mich verfügen.

Also zur Vorgeschichte: Vater Emil Warchalowsky war – einiges hatte ja bereits darauf hingedeutet – ein Nazi. Nein, nicht nur zur Nazizeit, auch noch zwanzig Jahre später. Obwohl eine nazistische Gesinnung anno 1965 nicht als besonders verwerflich galt, so fand Vater Emil kaum Anschluss an die bürgerliche Gesellschaft. Zudem hatte er wegen seiner Kriegsverletzung stets Probleme, irgendwelche Jobs zu finden. Die Familie lebte größtenteils von seiner Kriegsversehrtenrente.

Zum Zweiten: Apropos Familie. Im gemeinsamen Haushalt lebte bis 1954 noch die erste Frau samt ihren Kindern von Papa Emil. Erst 1955 heiratete er die um zwanzig Jahre jüngere Paula, höchstwahrscheinlich die Mutter seiner Söhne. Und Vater Emil missbrauchte seine Frau Paula auf die brutalste Weise. Er schlug sie, trat nach ihr, vergewaltigte sie. Nach den damaligen Gesetzen war Vergewaltigung in der Ehe kein strafbarer Tatbestand. Und er machte Aktfotos, wobei er die Genitalien seiner Frau als Motiv bevorzugte. Die Fotos bewahrte er zusammen mit seiner Pistole in einer Kassette auf. Mit diesen

Fotos stellte er seine Frau vor den Söhnen zur Rede, bezichtigte sie der Untreue, stach auf sie ein und drohte, sie mit besagter Pistole umzubringen. Und Paula war derart eingeschüchtert, dass sie alle Demütigungen unterwürfig erlitt, dass sie nie aufbegehrte: das ideale Ausbeutungsobjekt für einen Sadisten, der noch dazu ein Nazi war.

Und jetzt sein 17-jähriger Sohn, geboren am 4. Dezember 1948, und somit um 53 Jahre jünger als sein 70-jähriger Vater. Der Camus, Sartre und Plato liest und über einen Intelligenzquotienten von 128 verfügt. Wie soll dieser mit der familiären Situation umgehen? Die Kluft zu seinem Vater ist nicht zu überwinden. Die Gegensätze können sich nicht versöhnen. War der Weg zur grausamen und brutalen Tat unumkehrbar vorgezeichnet?

Aber warum ermordet er seine unter dem grausamen Vater leidende Mutter, die er zeit seines Lebens gegen den Vater zu beschützen trachtete? Warum bringt er seinen Bruder um?

Erlag unser Rainer doch dem Jubel Caligulas, den ich zu Beginn des Kapitels zitiert hatte: „Ich lebe, ich töte, ich übe die sinnverwirrende Macht des Zerstörers, mit der verglichen die Macht des Schöpfers als billiger Abklatsch erscheint"?

Dazu passend schrieb Elfriede Jelinek in ihrem Roman *Die Ausgesperrten:* „Durch das Begehen des Sinnlosen will Rainer seine narzisstische Position retten, etwas Außergewöhnliches begangen zu haben."

Jetzt aber weiter in der Chronologie der Ereignisse. Am 9. Mai 1966 fand die Hauptverhandlung gegen Rainer Maria Warchalowsky am Wiener Jugendgerichtshof statt. Viele Zeugen erschienen nicht, niemand zeigte ein gesteigertes Interesse, sich mit der Vorgeschichte des Falles zu beschäftigen. Die eingeholten Gutachten der Psychiater waren einander ähnlich: Rainer sei eine überdurchschnittlich intelligente Persönlichkeit mit einer „psychopathischen Charakterentartung". Charakterentartung! – Das ist der Wortschatz der Nazis in einem Gutachten im Jahre 1966! Entartet ist also einer, der – auf bestialische Weise – seinen nazistischen Vater umbringt!

Aus den Berichten der *Arbeiterzeitung* vom 10. Mai 1966 kann man sehr wohl die eindimensionale, flache Art der Verhandlungsführung erkennen, bei der der Angeklagte im Übrigen geduzt wurde:

Die eingeholten Gutachten der Psychiater waren einander ähnlich: Rainer sei eine überdurchschnittlich intelligente Persönlichkeit mit einer „psychopathischen Charakterentartung".

Beim Versuch, das Rätsel des Motivs zu klären, wurde der Angeklagte mit vielen Fragen überschüttet. Wie hältst du es mit der Religion, wollte der Vorsitzende wissen. Das ist für dich doch nur etwas Abstraktes, eine Philosophie?

Angeklagter: Die Christliche Religion bedeutet mir etwas.

Vorsitzender: Und da konntest du kaltblütig Vater, Mutter und Bruder ermorden?

Auf diese Frage blieb Rainer Maria Warchalowsky die Antwort schuldig. Ohne nachzudenken beantwortete er die Frage nach dem letzten Film, den er gesehen hatte. Es war „Denn sie wissen nicht, was sie tun". Das letzte Buch, in dem er vor der Bluttat las, war Camus' „Die Besessenen".

Die Verhandlung dauerte nur wenige Stunden, dann wurde das zu erwartende Urteil verkündet: 15 Jahre strenger Arrest für Rainer Maria Warchalowsky.

Dieser verzichtete auf jedes Rechtsmittel gegen das Urteil und erklärte, die Haft sofort antreten zu wollen.

Während seiner Haft in Stein wurde er zum Musterhäftling. Im Jahre 1969 holte er vor den Professoren des Realgymnasiums in Krems die Matura nach. Nach seiner Entlassung startete er anonymisiert – also mit neuem Namen – ein zweites Leben. Und wenn er nicht gestorben ist – was man bei einem Mann mit über 70 Jahren auch annehmen kann –, so lebt er brav noch heute. Ich wünsche ihm für die folgenden Jahre das Allerbeste.

Epilog: Elfriede Jelineks Roman *Die Ausgesperrten* wurde auch verfilmt: Im Jahre 1982 von Franz Novotny. Die Hauptfigur verkörperte der damals noch schlanke und ranke Paulus Manker. Man könnte sagen, die Rolle war ihm auf den Leib geschrieben. Alexander Horwath, der damalige Direktor des Österreichischen Filmmuseums, schrieb im Programmheft der Diagonale 2016 über diesen Film:

Dieser Rainer, gespielt von Paulus Manker, ist ein irregeleiteter Terrorist der österreichischen Sprachlosigkeit gegen die österreichischen Nachkriegslügen. Die Schultern fest geschlossen, der Krieg ist vorbei, wir alle sind Opfergenossen, und Österreich ist frei. Das ist der Stoff, aus dem die bösen Träume sind.

XXX

Rainer Warchalowsky entschuldigte sich – von Beamten im Sicherheitsbüro befragt – nicht für seine Bluttat, er sagte nur immer wieder: „Ich wollte eben etwas Sinnloses tun." Fotografien aus dem Mordprozess am 9. Mai 1966.

GESUCHT:

JOHANN KASTENBERGER
alias PUMPGUN-RONNY

GEBOREN: ***1958***

BERUF: ***Langstreckenläufer***

GESUCHT WEGEN: ***Bankraub und Mord***

DER LÄUFER ALS BANKRÄUBER

Wer eingereiht wird in meine Schar der „bösen Buben", der hat ja auch reizende und liebenswerte Eigenschaften. Er verteilt Geld an die leidende Bevölkerung. Oder er ist ein Charmeur der alten Schule, der mit seinem Lavendelschmäh die Mitzi-Tante becirct.

Unser Johann Kastenberger war ein austrainierter Langstreckenläufer. Freilich, mit diesem Job konnte man im Jahre 1988 nicht das große Geld machen. Ab und zu eine Prämie einstreifen für den Sieg bei einem Berglauf und ein Kisterl mit Delikatessen mit nach Hause nehmen. Wir sind ja nicht bei der Formel 1.

Apropos Langstreckenlauf. Da gibt es den Ort Kainach, ein paar Kilometer nördlich von Köflach, also in der Steiermark. Und bei besagtem Ort Kainach wird alljährlich der Kainacher Bergmarathon durchgeführt. Start ist auf dem Dorfplatz in Kainach, dann führt die Strecke auf die Zeißmannhütte, von dort zum Alpengasthaus Krautwasch und schlussendlich wieder zurück zum Dorfplatz von Kainach. Die Länge der Strecke beträgt etwa 44 Kilometer und die Läufer und Läuferinnen überwinden dabei 1.800 Höhenmeter!

Im Jahr 1988 – die Liste mit den Bestplacierten findet man immer noch auf der Homepage – siegte ein gewisser Johann Kastenberger, und zwar am 30. September, also bereits bei kühlerem Herbstwetter. Er wurde nach 3 Stunden 16 Minuten und 7 Sekunden gestoppt. Diese Zeit ist bis heute gültiger Streckenrekord, sie wurde nie mehr unterboten.

Nach dem Zieleinlauf soll er nicht in euphorischen Jubel ausgebrochen sein, nein, er hat nur schüchtern und zurückhaltend gelächelt. Wer oder was hat ihn zurückgehalten?

Im selben Jahr – 1988 – war Johann Kastenberger auch in einem anderen Metier sportlich tätig. Er raubte drei Banken aus und hatte dabei 4,5 Millionen Schilling erbeutet. Das war um einiges mehr als die Siegesprämie beim Kainacher Bergmarathon. Die betrug genau 5.000 Schilling.

Zur Chronologie des einsamen Bergläufers. Als einsam bezeichne ich ihn deshalb, weil er nie bei einem Leichtathletikverein Mitglied wurde, deshalb sich nie an offiziellen Trainingsprogrammen für Langstreckenläufer beteiligte. In den Archiven des ÖLV (Österreichischer Leichtathletik-Verband) findet man zwar viermal den Namen Kastenberger, aber keiner der Vornamen lautet auf Johann oder Hans.

Unser Johann lief jeden Tag vier bis viereinhalb Stunden im Prater, in der Lobau und im umgrenzenden Gebiet, beschäftigte sich als Autodidakt intensiv mit Leistungsdiagnostik und Aufbauprogrammen, testete akribisch Ausrüstungsgegenstände wie Laufschuhe. Und er wusste, dass etwa ab Kilometer 35 das Hirn abschaltet und der Körper von Hormonen gelenkt wie in Trance weiterrennt.

Also zur Chronologie. Johann Kastenberger wurde am 1. Oktober 1958 in Sankt Leonhard am Forst geboren, einer 3.000-Einwohner-Gemeinde südlich von Melk an der Donau. Desolat waren die Familienverhältnisse, er erhielt den Namen seiner Mutter, da deren Mann nach einem Vaterschaftstest als Vater nicht infrage kam und die Familie verließ, als Johann zwölf Jahre alt war. Der junge Johann nahm einige Gelegenheitsjobs an, um die Familie so halbwegs durchzufüttern, doch beruflich fehlte ihm sowohl Konsequenz als auch Ehrgeiz. Er scheiterte in der Heeres- und Nahkampfschule des Österreichischen Bundesheeres als auch in einer Höheren Technischen Lehranstalt.

Erfüllung und ein bisschen Bestätigung fand er allerdings im Sport. Einmal beim Fußballspiel – einer seiner Jugendfreunde berichtet, dass ein Verein der obersten Spielklasse sich für ihn interessiert hätte. Und dann beim Laufen über längere Distanzen. Beharrlich und konsequent verfolgte er sein Ziel, und er wollte stets über das Ziel hinaus. Jugendfreunde berichten, dass er nicht nur den notwendigen Ehrgeiz aufbrachte, sondern noch mehr: den absoluten Biss. Die mörderische Kraft zur Selbstüberwindung.

Die brauchte er auch bei seiner Serie von Banküberfällen.

Beginnen wir mit dem 20. November 1987, einem Freitag. Kurz vor Kassaschluss überfiel er die Raiffeisenkassa in Groß Sierning, einem Ort westlich von Loosdorf. Die Beute betrug an die 100.000 Schilling, Kastenberger floh mit einem Wagen, der er kurz vor dem Überfall vor einer Holzhandlung gestohlen hatte. Er ließ das Fluchtauto bei einem Forstweg stehen und verschwand in dem ihm durch seine Trainingsläufe bekannten Dunkelsteinerwald.

Das reichte als Aufbautraining. Um einiges sportlicher und agiler agierte er am 19. Februar des Folgejahres. Da überfiel er kurz nach acht Uhr die Filiale der Creditanstalt in der Simmeringer Hauptstraße 45, die Beute betrug an die 1,2 Millionen Schilling. Das Auto hatte er kurz vor dem Überfall vor einer Trafik in Schwechat gestohlen. Sodann tauchte er in Kirchstetten östlich von St. Pölten auf, wo er schnell die Volksbank besuchte, die Beute: 330.000 Schilling. Von hier hetzte er im Eiltempo nach Markersdorf, das westlich von St. Pölten an der Pielach liegt, nicht weit weg vom uns schon bekannten Groß Sierning. Dort eilte er in die „Sparkasse“, wieder betrug

Jugendfreunde berichten, dass er nicht nur den notwendigen Ehrgeiz aufbrachte, sondern noch mehr: den absoluten Biss. Die mörderische Kraft zur Selbstüberwindung.

die Beute etwa 300.000 Schilling. Und tags darauf, am 20. Februar 1988, berichtete die *Arbeiterzeitung:*

Die Gendarmerie hat Großalarm, sogar ein Hubschrauber wird eingesetzt, mußte aber wegen der einbrechenden Dunkelheit die Suche bald aufgeben. Zahlreiche Patrouillen überwachten noch Stunden die Straßen der Umgebung, vergeblich. Von dem weißen Ascona und seinem Insassen findet sich keine Spur.

Kein Wunder, von Markersdorf ist es nicht mehr weit nach Sankt Leonhard am Forst, hier wird sich der eilige Bankräuber schon recht gut ausgekannt haben.

Nun folgten etwa vier Wochen, in denen er eine kreative Pause einlegte und keiner Bank einen Besuch abstattete. Erst am 21. März 1988 folgte die Fortsetzung. Und zwar in der Krottenbachstraße 80 in Wien, diesmal war es eine Filiale der Länderbank, die erbeutete Summe betrug zwei Millionen Schilling. Am Folgetag, also am 22. März, war er wieder flott unterwegs. Erst raubte er die „Gärtnerbank" in der Simmeringer Hauptstraße 181 aus, dann erleichterte er eine Filiale der Creditanstalt in der Dornbacher Straße um ihre Bareinlagen. Die *Arbeiterzeitung* vom 23. März berichtete:

In Sekundenschnelle war alles vorbei, so rasch, daß der Kassier erst die Alarmkamera einschalten konnte, als der Räuber schon Fersengeld gegeben hatte. Ein Bankangestellter, der dem Maskierten auf die Straße nachgehetzt war, sah den silbergrauen Wagen des Täters noch in der nächsten Seitengasse verschwinden und konnte gerade noch die Endziffer des Kennzeichens des Wiener Autos ablesen.

Was aber für keinen Erfolg bei der Fahndung sorgen konnte, da unser Bankräuber sein in der Regel gestohlenes Auto nach dem Überfall bald abstellte und zu Fuß weiterflüchtete.

Wobei unser Johann Kastenberger bei seinen verschiedenen Überfällen durch zwei prägende Konstanten auffiel. Er war stets maskiert. Und zwar trug er die Maske des damaligen Präsidenten der USA, von Ronald Reagan, kurz Ronny (1911–2004). Dessen Beliebtheitswerte bewegten sich in Europa in den unteren Regionen. Deshalb klang es vielen Österreichern wie ein gelungener Aprilscherz, dass da einer mit der Maske des nicht gerade beliebten Ronald Reagan mit großem Erfolg mehrere Banken überfallen hatte. Und so manche Zeitgenossen erinnerten sich an den zweitklassigen Schauspieler Ronald Reagan, der in seinen Filmen auch eine Pumpgun aus seiner Wildwest-Jacke hervorgezogen hatte. Und insgeheim bewunderten manche sogar den wieselflinken Einbrecher. Und spotteten über die Gendarmerie, die trotz intensivster Bemühungen stets einen Schritt hinter dem tolldreisten Räuber und seinen Coups blieb.

Manche spotteten über die Gendarmerie, die trotz intensivster Bemühungen stets einen Schritt hinter dem tolldreisten Räuber und seinen Coups blieb.

Und zweitens verübte der mit der Reagan-Maske seine Einbrüche mit einer Pumpgun, einer Repetierflinte mit glattem Lauf. So erhielt er von den Medien bald seinen Spitznamen: Er war der „Pumpgun-Ronny“.

So, ich möchte jetzt den Pumpgun-Ronny und seine Geschichte verlassen, kurz auf „Doktor Jekyll und Mister Hyde“ verweisen und wieder zu seinem *alter ego* zurückkehren, nämlich zu Johann Kastenberger.

Der lebte damals sehr zurückgezogen zusammen mit seiner Partnerin Veronika in der Kaiser-Ebersdorfer Straße in

Wien in einem Gemeindebau. Während Veronika in einem Hotel arbeitete, agierte unser 30-jähriger Hansi als unauffälliger Hausmann. Nach seinen Läufen durch die Donauauen putzte er zu Hause, besorgte den täglichen Einkauf. Die Nachbarn werden ihn als freundlich und hilfsbereit bezeichnen. Das viele Geld habe er in der Lotterie erspielt und geerbt, erzählt er seiner Veronika. Sie legte die 5,8 Millionen bei insgesamt zwölf verschiedenen Banken an, bei finanziellen Aktionen war sie kundiger als ihr um sechs Jahre jüngerer Lebensgefährte, für den sie in ihrem gemeinsamen Leben phasenweise wie eine kundige Ersatz-Mutti agierte. Nur kleine Summen wurden ausgegeben. Etwa für die Zahnbehandlung von Veronika. Oder für sportmedizinische Untersuchungen von Johann. Und sie kauften einen japanischen Kleinwagen. Welche Ziele hatte unser Johann Kastenberger? Wollte er wieder als Pumpgun-Ronny auftreten? Oder plante er, sein weiteres Leben als Hausmann und – zumindest ein paar Jahre noch – als Langstreckenläufer zu verbringen? Gemeinsam mit seiner geliebten Veronika? Die Fragen bleiben für immer offen.

Ob seine geliebte Veronika von seiner Einbruchserie wusste, wird von den Chronisten auch nicht eindeutig beantwortet. Wolfgang Kudrnofsky erwähnt, dass sie die Ronny-Maske in der Wohnung gefunden hatte, die naheliegenden Schlüsse zog und von ihrem geliebten Hansi das Versprechen einforderte, nie wieder eine Bank zu überfallen.

Sie wusste aber vom nicht gerade geradlinigen Vorleben ihres Lebensgefährten: Dieser hatte 1977 – mit 19 Jahren – seine allererste Bank überfallen. Knapp nach dem Überfall wurde er mit der eher mickrigen Beute auf dem Wiener Westbahnhof gestellt und beim folgenden Prozess zu acht Jahren Gefängnis verurteilt. Wegen mehrerer Ausbruchsversuche sollten sich ihm erst 1984 die Pforten des Gefängnisses zu Stein öffnen.

Die kommenden Ereignisse – Verhaftung ihres Lebensgefährten, seine Flucht und sein Selbstmord – muss sie doch zutiefst erschüttert haben. Sie wird ihren gut dotierten Vertrag mit dem Hotel kündigen und in jener Gegend, die ihr seit ihrer Kindheit vertraut war, ein Gasthaus eröffnen, wo – so ihr Motto – „das Leben lebenswert ist". Schließlich war sie mit der Leitung von gastronomischen Betrieben vertraut, da ihre Eltern schon als Wirte gewerkelt hatten. Somit verlässt Veronika meine Geschichte, und mir bleibt nichts anderes übrig, als ihr eine solide Küche, einen im Winter gut geheizten Kachelofen sowie zufriedene Gäste zu wünschen.

Zurück zu den gegen Johann Kastenberger ermittelnden Behörden. Diesen verbissenen Dauerläufer hatten sie schon längere Zeit im Visier. Zum einen konnten sie sich seinen ohnehin nur spärlich gezeigten Reichtum nicht erklären – der Läufer war offiziell als arbeitslos gemeldet. Zum anderen fiel einem Polizisten auf, dass dieser nicht allzu groß gewachsene Kastenberger stets Röhrenjeans trug, Röhrenjeans mit umgestülpten oder aufgekrempelten Hosenbeinen. Und sie erinnerten sich an die Videoaufnahmen aus den Überwachungskameras der Banken. Da trug der Pumpgun-Ronny ebenfalls enge Jeans mit aufgekrempelten Hosenbeinen. Gab es da Zusammenhänge?

Zudem fiel ihnen ein bisher ungeklärter Fall auf. Am 12. August 1985 wurde ein gewisser Ewald Pollhammer in seiner Wohnung in Mautern bei Krems mit einer Pistole umgebracht. Der Mörder musste danach sofort den Tatort verlassen haben. Die ermittelnden Behörden fahndeten seither ohne brauchbaren Erfolge nach dem wie vom Erdboden zu Mautern verschluckten Mörder. Und Mautern – diese geografische Zuordnung sei mir gestattet – befindet sich am Rande des Dunkelsteinerwaldes.

Jedenfalls besuchten die Polizisten am 11. November 1988 am frühen Nachmittag unseren Johann Kastenberger in seiner

Wohnung in der Kaiser-Ebersdorfer Straße. Sie erwischten ihn nach seinem täglich absolvierten Dauerlauf und forderten ihn auf, sich in ihr Auto zu setzen. Kastenberger folgte anstandslos. Sie fuhren in die damalige Gendarmeriekaserne am Rennweg, später Sitz des BVT, des Bundesamtes für Verfassungsschutz und Terrorismusbekämpfung.

Ab jetzt ging alles schnell, ungebremst nahm das Geschehen Fahrt auf. Während der Befragung in der Gendarmeriekaserne entdeckten die überraschten Polizisten bei der Durchsuchung der Wohnung in der Kaiser-Ebersdorfer Straße Schlüsseln für diverse Banksafes. In diesen Safes entdeckten sie Sparbücher und Wertpapiere im Gesamtwert von ungefähr 5,5 Millionen Schilling.

Johann Kastenberger gestand, acht Banken überfallen zu haben. Und er gestand auch den Mord an Ewald Pollhammer im Jahr 1985. Diesen tötete er, weil er eine Zigarette geraucht hatte, während sie für einen von beiden besuchten WIFI-Kurs lernten. Und weil dieser trotz des von Kastenberger geäußerten Wunsches nach dem Abdämpfen der Zigarette weiterpaffte. Sein Todesurteil.

Am nächsten Tag, dem 12. November 1988, sollte Johann Kastenberger in einem Büro im ersten Stock der Gendarmeriekaserne sein Geständnis protokollieren. Die Handschellen wurden abgenommen. Kastenberger hetzte zum Fenster, sprang durch die Scheibe, landete auf der Motorhaube eines Autos, rannte davon – und ward nicht mehr gesehen. Da half die ganze Alarmfahndung nichts.

Diesen tötete er, weil er eine Zigarette geraucht hatte, während sie für einen von beiden besuchten WIFI-Kurs lernten.

Am 13. November sichteten in Sparbach – einem Ort westlich von Hinterbrühl und von Mödling – zwei Gendarmen einen vermeintlichen Spaziergänger. Da er sich nicht ausweisen konnte und optisch in das Täterprofil passte, eskortierten sie ihn zum in der Nähe abgestellten Gendarmeriewagen. Kastenberger ging erst mit, dann drehte er sich um, griff nach der Dienstwaffe eines der Beamten und rannte davon.

Tags darauf wurde er in Gaaden gesichtet, Gaaden liegt ein paar Kilometer südlich von Sparbach. Er wollte ein Auto stehlen. Es blieb jedoch beim Versuch: Als ein Gendarmeriewagen vorbeifuhr, flüchtete er in die Weiten des Anningers. Und ward nicht mehr gesehen.

Am nächsten Tag, am Dienstag, den 15. November, am Leopolditag und somit am Gedenktag des niederösterreichischen Landespatrons, stahl Kastenberger ein Auto in Maria Enzersdorf in der Nähe von Mödling. Er fuhr auf die Westautobahn, ließ den Wagen am Pannenstreifen stehen und flüchtete zu Fuß weiter. In Waasen – gleich in der Nähe von Kirchstetten, wir erinnern uns an die Volksbank, am 19. Februar 1988 –, also in Waasen stahl er das nächste Auto und setzte die Flucht auf der Westautobahn fort.

Nun frohlockten die Ermittler. Zu Fuß hätten sie den Kastenberger wohl kaum erwischt. Aber im Auto saß er in der Falle. Und die Falle schnappte zu. Bei der bislang größten Fahndung der Nachkriegsgeschichte wurden drei Hubschrauber, 450 Beamte und sage und schreibe 34 Polizeihunde eingesetzt. In der Gegend von St. Pölten – die Westautobahn und die angrenzenden Gebiete waren längst großräumig abgeriegelt – bemerkte Kastenberger die zuschnappende Falle. Todesmutig stieg er auf das Gaspedal und durchbrach die Straßensperre. Dabei wurde er von einem Projektil im Rücken getroffen. Kurz darauf hielt Kastenberger auf der Überholspur. Während die Autos der Ermittler ihn umzingelten, griff er nach einer Pistole und schoss sich in die rechte Schläfe. Tod. Ende. *Tutto finito.*

Oder auch kein Ende, zumindest, was die Arbeit der Ermittler betraf. Denn so blieben zwei – oder auch drei – weitere Morde ungeklärt, die einige Ermittler unserem Dauerläufer zuordneten.

Also: Am 30. September 1988 wurde die Prostituierte Brigitte Hranka nachts beim Autostrich im Wiener Prater von einem Mann mit einer Pumpgun angeschossen. Sie schaffte es zwar, sich zu einem Autofahrer zu schleppen. Der Täter verfolgte sie jedoch und tötete sie vor den Augen des Autofahrers durch einen Schuss in den Hinterkopf. Ihr Rottweiler blieb unverletzt.

Die sofort eingeleitete Fahndung blieb jedoch ergebnislos.

Unsere arme Brigitte Hranka agierte zwar auf dem Strich, jedoch sicherlich nicht auf einer Glückssträhne. Sie war bereits zwei Jahre zuvor, am 10. Oktober 1986, von einem Freier bedroht worden. Dieser hatte ihr erklärt, Prostituierte zu hassen und sie deshalb erschießen zu wollen. Da der Dackel auf dem Rücksitz wild zu bellen begann, erschoss der Täter erst einmal den Dackel. Frau Hranka stürzte sich daraufhin auf den Täter, nach einer Rauferei, bei der sie verletzt wurde, gelang ihr glücklicherweise die Flucht. Auch der Täter ergriff die Flucht, ließ aber in der Aufregung seine Tatwaffe zurück.

Diese Tatwaffe gehörte einem Polizisten, einem gewissen Friedrich Roger. Dieser auch als „Fritzi Baci" bekannte und im 58. Lebensjahr stehende Sicherheitsbeamte, der als Bezirksinspektor beim Donaudienst der Bundespolizeidirektion Wien tätig war, war kurz zuvor in seinem entlegenen Wachzimmer am Freudenauer Hafen im Prater mit einem Sturmgewehr ermordet worden. Der unbekannt gebliebene Täter erbeutete nur die Dienstwaffe und das Funkgerät.

Und mit dieser Dienstwaffe erschoss er einige Monate später den Hund von Frau Brigitte Hranka. Die Ermittler

Spuren des Bösen

Österreichs gefährlichste Verbrecher

VON ALEXANDRA WEHNER

29

An einem Tag drei Überfälle

Johann Kastenberger – ein Mörder und Bankräuber:

Die Jagd auf „Pumpgun-Ronny“

Das Doppelleben eines Verbrechers

Johann Kastenberger erhielt von den Medien seinen Spitznamen – er war der „Pumpgun-Ronny“.

nehmen an, dass derselbe Täter zwei Jahre später auch Frau Brigitte Hranka tötete. Auf jeden Fall muss der Täter die Fluchtwege in der Pratergegend gekannt haben. Handelte es sich um Johann Kastenberger, dessen tägliche Laufroute beim Wachzimmer am Freudenauer Hafen vorbeiführte? Ich fürchte, wir werden es nicht mehr erfahren.

Jetzt zur obligatorischen Schlussbemerkung. Solche spektakulären Fälle warten auf ihre literarische und auch filmische Aufbereitung. Der österreichische Schriftsteller Martin Prinz veröffentlichte über die hier beschriebenen Ereignisse im Jahr 2002 seinen Roman *Der Räuber.* Die Hauptperson wird dabei als „Rettenberger" bezeichnet. Eine Stilprobe:

Ich laufe davon, unentwegt kam dieser kaum hörbare Satz wieder, bei jedem neuen Schritt. Und dieses Reden versorgte ihn spürbar besser mit Luft, durchdrang leichter die Enge im Hals, diese Barriere seiner stummen Angst, und überspielte selbst die Hast in seinem Atmen.

Und 2010 wird der Roman unter demselben Titel verfilmt, Regie führte Benjamin Heisenberg, unser Rettenberger oder Kastenberger wird von Andreas Lust gespielt, und kurioserweise kann ich auf einen kompetenten Mitwirkenden verweisen: Max Edelbacher, ehemaliger Leiter des Wiener Sicherheitsbüros, agierte als Kommissar Seidl.

XXX

AUSGEWÄHLTE LITERATUR

Ausch, Karl: *Als die Banken fielen. Zur Soziologie der politischen Korruption.* Wien 1968

Balàka, Bettina: *Die Tauben von Brünn.* Wien 2019

Begemann, Verena/ Murbach, Christiane/ Weber, Dieter: *Ethik als Kunst der Lebensführung.* Festschrift für Friedrich Heckmann. Stuttgart 2018

Benda, Richard: *veko-online.de*

Biron, Georg: *Der Herr Udo. Das wilde Leben des Udo Proksch.* Klagenfurt 2021

Camus, Albert: *Dramen.* Reinbek bei Hamburg 1962

Cziffra, Géza von: *Hanussen. Hellseher des Teufels.* München 1978

Drach, Albert: *Untersuchung an Mädeln,* Kriminalprotokoll. München 1995

erichs-kriminalarchiv.de

Felsenthal, Rudolf von: *Der Banknotenfälscher Peter von B.* Wien 1853

Gaugusch, Georg: aus *Adler,* Zeitschrift für Genealogie und Heraldik, Heft 6/7, Wien 2012

Grieser, Dietmar: *Verborgener Ruhm.* Wien 2004

Grieser, Dietmar: *Der Onkel aus Preßburg. Auf österreichischen Spuren durch die Slowakei.* Wien 2009

Habe, Hans: *Eine Zeit bricht zusammen.* Genf 1938

Habe, Hans: *Meine Herren Geschworenen.* Zürich 1964

Habe, Hans: *Leben für den Journalismus, Band 1.* München 1976

Habe, Hans: *Ich stelle mich. Meine Lebensgeschichte.* München 1986

Hartl, Franz: *Ein Arbeitsbericht.* In: Medien & Zeit, Ausgabe 2/91

Jelinek, Elfriede: *Die Ausgesperrten.* Reinbek bei Hamburg 1985

Kisch, Egon Erwin: *Der rasende Reporter.* Berlin 1925

Klusacek, Christine/Stimmer, Kurt: *Meidling.* Wien 1992

Kogelfranz, S./Jeschke, A.: *Die Republik büßt ihre Würde ein.* In: Spiegel 35/1985

Kramer, Konrad/Beyerl, Beppo: *Wienerwald für Entdecker.* Wien 2016

Kraszna, Hermann: *Johann Breitwieser. Ein Lebensbild,* Wien 1925, digitalisiert von Michael Strasser

Kraus, Friederike: *Wiener Originale der Zwischenkriegszeit.* Diplomarbeit Universität Wien 2008

Kudrnofsky, Wolfgang: *Marek, Matuschka (sic!) & Co. Kriminalfälle der Ersten Republik.* Wien 1989

Kudrnofsky, Wolfgang: *Schandl Schubirsch & Co. Kriminalfälle der Zweiten Republik.* Wien 1994

Löhr, Robert: *Der Schachautomat. Roman um den brillantesten Betrug des 18. Jahrhunderts.* München 2005

Lunzer, Christian/Hiess, Peter: *Mord-Express.* Wien 2000

Maderthaner, Wolfgang/ Musner, Lutz: *Die Anarchie der Vorstadt. Das andere Wien um 1900.* Frankfurt/ Main 1999

Mallows, Lucy: *Bratislava.* Bradt Travel Guides 2020

Markus, Georg: *Schlag nach bei Markus.* Wien 2011

Meyer, Jana: *Verführer, Führer und Verführter. István Szabós Film „Hanussen".* Universität Vechta 2016

Olscher, Werner: *Lebenslänglich.* Wien 1972

Pohanka, Reinhard: *Räuber, Mörder, Kindsverderber. Eine Kriminalgeschichte Wiens.* Wien 1991

Polgar, Alfred: *Prosa aus vier Jahrzehnten.* Reinbek bei Hamburg 2016

Pretterebner, Hans: *Der Fall Lucona. Ost-Spionage, Korruption und Mord im Dunstkreis der Regierungsspitze.* Wien 1987

Prinz, Martin: *Der Räuber.* Salzburg 2002

Rabak, Freddy Charles: *Der alte Mann und das Rotlicht. Es war einmal die Wiener Unterwelt.* Georgsmarienhütte 2019

Sabitzer, Werner: *Fachzeitschrift „Öffentliche Sicherheit",* 5–6/15

Sabitzer, Werner: *www.diekriminalisten.at*

Sachslehner, Johannes/ Bouchal, Robert: *Mystisches Wien. Verborgene Schätze, versunkene Welten, Orte der Nacht.* Wien 2004

Schlüter, Reinhard: *Der Haifisch. Aufstieg und Fall des Camillo Castiglioni.* Wien 2015

Seyrl, Harald/Edelbacher, Max: *Verbrechen in Wien. Historische Kriminalfälle im 20. Jahrhundert.* Wien 2019

Sommer, Franz: *Gregor Bildstein. Altwiener Lebensbild aus dem vorigen Jahrhundert.* Zürich – Leipzig – Wien 1931

Spitz, Ernst: *Békessy's Revolver.* Wien 1926

Standage, Tom: *Der Türke. Die Geschichte des ersten Schachautomaten und seiner abenteuerlichen Reise um die Welt.* Frankfurt/Main 2002

Stiefel, Dieter: *Camillo Castiglioni oder Die Metaphysik der Haifische.* Wien – Köln – Weimar 2012

Tartaruga, Ubald: *Der Wiener Pitaval.* Wien 1924

Thurnher, Ingrid: *Auf den Spuren des Udo Proksch. Der Zuckerbäcker, der eine ganze Republik verführte.* Salzburg 2011

Torberg, Friedrich: *Die Tante Jolesch oder Der Untergang des Abendlandes in Anekdoten.* München 2004

Wolflingseder, Barbara: *Dunkle Geschichten aus dem Alten Wien.* Wien 2012

BILDNACHWEIS

anno.onb.ac.at: 48, 59, 85, 86, 108, 124, 133, 134, 149, 163, 176

facebook.com/apeasantss-hirt, BMI/Polizei: 231 unten

Franz Sommer: Gregor Bildstein. Altwiener Lebensbild aus dem vorigen Jahrhundert. Wien 1931: 36, 45

Kriminalmuseum Wien: Cover, 138

noen.at/Redaktion Baden: 24, 33 oben und unten, 34 unten

picturedesk.com: Alexander Tuma (203), akg-images (112, 123), Archiv Setzer-Tschiedel/ brandstaetter images (79 unten), Ernst Kainerstorfer (191 unten), Klaus Titzer/APA-Archiv (180), ÖNB-Bildarchiv (60, 72, 79 oben, 93, 100), Sammlung Rauch/Interfoto (21), Votava/brandstaetter images (191 oben, 194, 204 oben und unten, 208, 219 oben und unten, 220), Wilhelm Willlinger/Ullstein Bild (175)

sabitzer.wordpress.com: 94

Wien Museum online/ W 6096: 71

Wikimedia Commons: 10, 21 unten, 150; Johann Jaritz (34 oben)

Wilfried Gredler-Oxenbauer: 239

DER AUTOR

Beppo Beyerl

ist Zentralmeidlinger und seiner Heimatstadt Wien treu geblieben. Er schreibt Bücher und Reportagen über die Insassen Wiens, aber auch über die Bewohner seiner beiden anderen Heimaten Südböhmen und Istrien. Gemeinsam mit Thomas Hofmann veröffentlichte er zuletzt bei Styria „Die Stadt von gestern. Entdeckungsreise durch das verschwundene Wien", „Wien entdecken mit der Bim" und „Wiener Vergnügungen".

LIEBE LESERIN, LIEBER LESER,

haben Sie sich mit den „Bösen Buben“ von Wien gut unterhalten? Dann freuen wir uns über Ihre Weiterempfehlung! Erzählen Sie Ihren Freunden davon, Ihrem Buchhändler oder bewerten Sie das Buch online.

Wollen Sie weitere Informationen zu unserem Programm? Möchten Sie mit dem Autor in Kontakt treten? Wir freuen uns auf Austausch und Anregung unter
leserstimme@styriabooks.at
Inspiration, Geschenkideen und gute Geschichten finden Sie auf
www.styriabooks.at

STYRIA
BUCHVERLAGE

ISBN 978-3-222-13666-5

Bücher aus der Verlagsgruppe Styria gibt es in jeder Buchhandlung und im Online-Shop www.styriabooks.at

Covergestaltung und Layout: Daniela Vogl
Projektleitung: Johannes Sachslehner
Lektoratsassistenz: Alexander Herzlinger

Druck und Bindung: Florjancic
Printed in the EU
7 6 5 4 3 2 1